El Raj británico

Una guía fascinante sobre los británicos en la India, desde la rebelión de 1857 hasta el Acta de Independencia de 1947

© Copyright 2021

Todos los derechos reservados. Ninguna parte de este libro puede ser reproducida de ninguna forma sin el permiso escrito del autor. Los revisores pueden citar breves pasajes en las reseñas.

Descargo de responsabilidad: Ninguna parte de esta publicación puede ser reproducida o transmitida de ninguna forma o por ningún medio, mecánico o electrónico, incluyendo fotocopias o grabaciones, o por ningún sistema de almacenamiento y recuperación de información, o transmitida por correo electrónico sin permiso escrito del editor.

Si bien se ha hecho todo lo posible por verificar la información proporcionada en esta publicación, ni el autor ni el editor asumen responsabilidad alguna por los errores, omisiones o interpretaciones contrarias al tema aquí tratado.

Este libro es solo para fines de entretenimiento. Las opiniones expresadas son únicamente las del autor y no deben tomarse como instrucciones u órdenes de expertos. El lector es responsable de sus propias acciones.

La adhesión a todas las leyes y regulaciones aplicables, incluyendo las leyes internacionales, federales, estatales y locales que rigen la concesión de licencias profesionales, las prácticas comerciales, la publicidad y todos los demás aspectos de la realización de negocios en los EE. UU., Canadá, Reino Unido o cualquier otra jurisdicción es responsabilidad exclusiva del comprador o del lector.

Ni el autor ni el editor asumen responsabilidad alguna en nombre del comprador o lector de estos materiales. Cualquier desaire percibido de cualquier individuo u organización es puramente involuntario.

Tabla de contenido

INTRODUCCIÓN 1

CAPÍTULO 1: LA COMPAÑÍA DE LAS INDIAS ORIENTALES, LA PRIMERA PRESENCIA BRITÁNICA EN EL SUBCONTINENTE INDIO 3

CAPÍTULO 2: LA REBELIÓN DE 1857 Y LA CAÍDA DE LA COMPAÑÍA 19

CAPÍTULO 3: EL GOBIERNO DE LA CORONA EN LA INDIA 40

CAPÍTULO 4: LAS HAMBRUNAS DE LA INDIA 51

CAPÍTULO 5: EL NACIONALISMO EN LA INDIA 64

CAPÍTULO 6: LA INDIA DURANTE LA PRIMERA GUERRA MUNDIAL 75

CAPÍTULO 7: MAHATMA GANDHI 85

CAPÍTULO 8: LA SEGUNDA GUERRA MUNDIAL, EL MOVIMIENTO "QUIT INDIA" Y LA INDEPENDENCIA 104

CONCLUSIÓN 113

VEA MÁS LIBROS ESCRITOS POR CAPTIVATING HISTORY 115

REFERENCIAS 116

Introducción

La presencia británica en la India duró casi 350 años, pero solo los últimos 90 estuvieron bajo el dominio directo del gobierno británico. Para algunos, noventa años pueden parecer un periodo corto para escribir un libro de historia. Sin embargo, la época del Raj británico fue muy influyente. Supuso un cambio en la política, la educación, la sociedad, las infraestructuras, la industria y otros aspectos de la vida india. Pero, aunque el Imperio británico trajo la modernización a sus colonias, esa modernización tuvo un precio.

El Raj británico no abarcaba solo el territorio actual de la India. De hecho, abarcaba los territorios de cuatro estados distintos que existen hoy en día: Bangladesh, Pakistán, India y Birmania. Se calcula que alrededor de un cuarto de millón de británicos fueron enterrados en estos territorios desde que la Compañía de las Indias Orientales puso su primer pie en ellos. Las tumbas europeas más antiguas se encuentran en ciudades portuarias como Madrás o Bombay, donde los primeros mercaderes establecieron oficinas comerciales.

Los británicos se extendieron por todo el subcontinente, empezando como simples mercaderes que querían una parte de las riquezas aportadas por los monopolios comerciales de las Indias Orientales. Expulsando a sus competidores, los portugueses y los franceses, los británicos se convirtieron en conquistadores, sometiendo toda la India a su voluntad. Y cuando el clima político cambió en Gran Bretaña, la India fue simplemente transferida a la Corona, como si fuera una propiedad que se podía regalar.

Lo que hizo el gobierno británico, aunque sin saberlo, fue unir a todos los pueblos del subcontinente bajo una sola nación. Antes del Raj británico, la demografía de la India era muy diversa, con personas agrupadas en naciones más pequeñas divididas por diferentes creencias y culturas. Pero con la llegada de los británicos, la necesidad de unidad creció y finalmente culminó a finales del siglo XIX con la fundación del partido político conocido como Congreso Nacional Indio. Por fin pudo comenzar la lucha por la independencia del subcontinente.

Una persona se alzó como estrella del movimiento independentista y se convirtió en el símbolo de la lucha contra la opresión en todo el mundo: Mahatma Gandhi. Inspiró a personas como Martin Luther King Jr. y Nelson Mandela. Su filosofía de resistencia no violenta sigue utilizándose incluso hoy en día cuando la gente común del mundo siente la necesidad de expresar su descontento con sus gobiernos. Mahatma Gandhi no estuvo solo en su lucha contra los británicos. Varias personas, tanto indias como extranjeras, se manifestaron para apoyar el movimiento independentista y expulsar a los británicos. Cada uno tenía sus propias razones, pero todos tenían el mismo objetivo, aunque significara dividir la India a lo largo de las fronteras religiosas del hinduismo y el islam.

Capítulo 1: La Compañía de las Indias Orientales, la primera presencia británica en el subcontinente indio

El escudo de la Compañía de las Indias Orientales
https://en.wikipedia.org/wiki/East_India_Company#/media/File:Coat_of_arms_of_the_East_India_Company.svg

La Compañía de las Indias Orientales fue fundada por un grupo de mercaderes y políticos con el objetivo de navegar hacia las Indias Orientales y establecer un punto de apoyo en el comercio. El deseo de estos mercaderes de viajar y comerciar en estas tierras lejanas no era casual. El creciente poder de España y Portugal en el océano Índico era evidente, ya que estos países se estaban enriqueciendo. No es que los británicos nunca hubieran intentado zarpar hacia Oriente, pero todos sus esfuerzos habían fracasado debido al clima imprevisible de los territorios desconocidos.

Sin embargo, su suerte cambió en 1592, cuando los ingleses capturaron un barco portugués que transportaba riquezas obtenidas en la India. Entre ellas había joyas, perlas, especias y textiles. Pero uno de los mayores tesoros que transportaba el barco capturado era un manuscrito con rutas dibujadas y descritas con precisión que utilizaban los mercaderes portugueses para llegar a Japón, India y China. Inglaterra disponía por fin de los medios para llegar con seguridad a estos países y desafiar el monopolio portugués del comercio en las Indias Orientales.

Casi un siglo antes, un explorador portugués llamado Vasco da Gama descubrió un paso seguro a las Indias a través del cabo de Buena Esperanza en África. Antes de eso, la única ruta conocida era a través de la tierra, atravesando Europa y Asia occidental. Y aunque la ruta marítima era peligrosa, ya que las tormentas tropicales eran frecuentes en Asia, seguía siendo una ruta mucho más rápida, que permitía el rápido transporte de mercancías comerciales.

La idea de la Compañía de las Indias Orientales nació mucho antes entre los mercaderes exploradores, que fueron lo suficientemente visionarios como para ampliar su área de negocios y beneficios a las tierras lejanas. Sin embargo, no tenían medios para financiar por sí mismos unos viajes tan largos y peligrosos. Necesitaban ayuda y la inauguración de la Compañía por la reina Isabel I. En 1599, la Compañía reunía a más de 200 mercaderes, artistas y exploradores dispuestos a comprometerse con el comercio en las Indias Orientales. Se envió una petición a la reina, pero la causa fue bloqueada por el Parlamento, que veía a la Compañía como una causa potencial de nuevos conflictos con España y Portugal. Sin embargo, en 1600, la reina Isabel I emitió una carta en la que daba legitimidad a la Compañía, nombrándola "Compañía de los comerciantes de Londres que comercian con las Indias Orientales".

El primer viaje a las Indias Orientales tuvo lugar en 1601 con el barco llamado *Dragón Rojo*, que estaba al mando de Sir James Lancaster. La Compañía consiguió abrir dos zonas de libre comercio, entonces conocidas como "fábricas", una en Java y otra en las Molucas. El *Dragón Rojo* regresó a Inglaterra en 1603, y a su llegada, la tripulación se enteró del fin de la guerra con España y de la muerte de la reina Isabel I. Debido a que la Compañía tuvo éxito en romper el monopolio portugués en el comercio, el comandante Lancaster fue nombrado caballero por el rey Jaime I, que reconoció el valor de los nuevos horizontes que se abrían al comercio británico.

La implantación en la India y la expansión

Fue durante el gobierno del emperador mogol Jahangir (r. 1605-1627) cuando la Compañía llegó por primera vez a Bengala para comerciar. Pero los mogoles no se dejaron impresionar por sus intenciones. Los británicos tuvieron que soportar una serie de derrotas a manos de los mogoles antes de poder abrir sus "fábricas" en la India. Los mogoles no solo se oponían al comercio británico en la India, sino que la Corona británica también se oponía a que la Compañía se estableciera en el hostil Imperio mogol. En su lugar, el rey Jaime envió una misión diplomática a Jahangir con la tarea de negociar y concertar un tratado comercial.

La misión tardó cuatro años en completarse, y su éxito dependía por completo del estado de ánimo del emperador mogol y de su afición a los diplomáticos británicos. De nada sirvió que los holandeses ya estuvieran afianzados en el imperio e hicieran todo lo posible por frustrar los esfuerzos de la diplomacia británica. Solo cuando los británicos se comprometieron a llevar los productos del mercado europeo directamente al emperador se lograron avances. Jahangir quedó satisfecho con los términos, y en 1620 se abrió la primera fábrica británica en Surat. Inmediatamente, los británicos quisieron expandir su influencia por todo el subcontinente indio, pero los inesperados altos precios de los viajes por tierra se lo impidieron.

Una segunda fábrica se abrió poco después en Agra, pero la expansión de la influencia británica se vio frustrada por la presencia portuguesa en la India. Para conseguir el monopolio del comercio en las Indias Orientales, Inglaterra tuvo que conquistar los puntos de apoyo portugueses en el subcontinente. Los ingleses y los portugueses ya estaban en conflicto en Persia, donde luchaban por otro monopolio comercial, por lo que la conquista de Bombay, Calcuta y Madrás en la India suele considerarse una extensión de ese conflicto.

La Compañía fundó Madrás en el emplazamiento de un pueblo de pescadores llamado Madraspatnam, que anteriormente estaba bajo dominio portugués. Aquí fue donde los británicos decidieron construir el Fuerte de San Jorge en 1639 para defender las posesiones británicas de los asentamientos portugueses vecinos. El fuerte consiguió atraer a los artesanos locales y se convirtió en un éxito comercial en pocos meses.

Bombay cayó en 1626 sin mucha resistencia, y los portugueses se retiraron a Goa, pero no por mucho tiempo. Los portugueses la recuperaron poco después, pero debido al matrimonio político entre el nuevo rey británico Carlos II y la princesa portuguesa Catalina de Braganza, pasó a formar parte de su dote. Siete años después, en 1668, el rey regaló Bombay a la Compañía.

Sin embargo, la historia de Calcuta es mucho más complicada. En 1685, la Compañía de las Indias Orientales solicitó permiso para construir una fortaleza a orillas del río Hooghly que protegiera sus intereses comerciales. El emperador mogol Aurangzeb declinó esta petición, ya que no quería que se construyeran fortalezas extranjeras en su imperio, ya que representarían una amenaza potencial para él. Sin embargo, la Compañía estaba decidida a establecer su autoridad en Bengala, y utilizó un ejército contra los mogoles para probar su punto.

El puerto de Chittagong fue el primero en caer, y los británicos establecieron allí su moneda. La ciudad portuaria de Chittagong se convirtió en la primera ciudad en ser propiedad de la Compañía de las Indias Orientales. Se suponía que el ejército británico se trasladaría después a Dhaka, pero los vientos los llevaron por error a Hooghly. Allí, los soldados británicos molestaron a los lugareños, lo que ofendió a los dirigentes mogoles, que ordenaron el cierre inmediato de todas las fábricas de la Compañía en Bengala. Los británicos se dieron cuenta entonces de que nunca afirmarían su autoridad en Bengala si no construían una fortaleza. Pero los mogoles seguían sin permitirlo, y la guerra se convirtió en el único resultado. O bien acababa con la presencia de la Compañía en Bengala, o bien daba lugar a algún tipo de permiso para que los británicos construyeran su necesaria fortaleza. La Compañía perdió la guerra y, en 1690, fue expulsada de Bengala. Como represalia, la Compañía se instaló en Madrás y detuvo todos los barcos mogoles que llevaban peregrinos musulmanes a La Meca. El emperador Aurangzeb se enfureció y surgió otro conflicto. Esta vez, los británicos ganaron y obligaron al emperador mogol a admitirlos de nuevo en Bengala.

Sin embargo, a la Compañía se le siguió negando su fortaleza. Los británicos decidieron ignorar la prohibición y empezaron a construir lo que se conocería como Fuerte William en Calcuta. Hay que tener en cuenta que Calcuta aún no era una ciudad. Nadie sabe qué ocupaba antes la zona. Las tres aldeas cercanas de Sutanuti, Kalikata y Gobindapur no tenían importancia y fueron vendidas a los británicos. En su lugar se fundó Calcuta.

De vuelta a casa, en Inglaterra, la Compañía tuvo que luchar contra el Parlamento, que no estaba dispuesto a permitir la autonomía completa de la Compañía, ya que la Corona perdería beneficios. La Compañía de las Indias Orientales consiguió que se le renovara la licencia con el mismo estatus en 1712, y para entonces, el 15% de las importaciones en Inglaterra eran traídas desde la India por la Compañía. Fueron estos ingresos procedentes de la India los que aseguraron que Gran Bretaña fuera la cuna de la Revolución Industrial. La guerra de los Siete Años (1756-1763), que se libró originalmente entre Gran Bretaña y Francia por las colonias de América del Norte, aumentó la demanda de bienes y materias primas indias que se utilizaron para mantener al ejército. Gran Bretaña necesitaba urgentemente un método de producción eficiente y, por ello, se convirtió en líder de la industrialización. Como resultado, el nivel de vida aumentó en todo el país. La demanda de productos de lujo procedentes de la India no hizo más que aumentar a medida que crecía la demanda en el país. Pronto, la Compañía de las Indias Orientales se convirtió en la mayor institución comercial del mercado global británico.

La guerra de los Siete Años no solo se libró en los territorios de América del Norte. También se extendió al subcontinente indio, ya que la Compañía Francesa de las Indias Orientales tenía interés en el comercio de Oriente. Gran Bretaña salió victoriosa en todos los frentes, lo que hizo que Francia limitara sus ambiciones comerciales. La Revolución Industrial en Francia se vio frenada por esta derrota, ya que se perdieron algunos de los territorios indios que estaban bajo su control. Gran Bretaña ganó Pondicherry, Mahe, Karaikal y Chandernagar. Sin embargo, Francia seguía presente en la India con una fuerza militar, que se presentaba como una amenaza constante para la Compañía británica de las Indias Orientales, especialmente durante la Revolución americana, ya que los soldados británicos eran llamados con frecuencia a luchar en otro frente.

Fueron las guerras revolucionarias francesas (1792-1802) las que aseguraron aún más pérdidas de territorios franceses en la India. Aunque Francia seguiría presente en el subcontinente indio durante los siguientes 200 años, el interés comercial de este estado europeo seguiría disminuyendo constantemente. La Compañía británica de las

Indias Orientales prácticamente no tenía competencia económica, pero se enfrentaría a las revueltas de los lugareños.

Modernización de la India

En 1796, el gobernador general de la Compañía británica de las Indias Orientales inició la reorganización del ejército de la Compañía. La Compañía había pagado bien a los soldados nativos que empleaba y les había dado entrenamiento en el estilo de guerra europeo desde que fueron introducidos en el ejército. Conocían las armas modernas y las capas rojas de los soldados británicos, y eran soldados bien disciplinados que elegían de buen grado luchar para la Compañía porque la paga era muy superior a la de los gobernantes locales y porque era un trabajo regular. Ser un cipayo, que es como se llamaba a los soldados indios que servían a las órdenes de los británicos, era muy popular, y la Compañía podía permitirse un ejército muy numeroso. En 1806, los cipayos de la Compañía de las Indias Orientales eran 154.500, lo que los convertía en uno de los mayores ejércitos del mundo. A medida que la Compañía ganaba nuevos territorios, necesitaba emplear a la policía local. La policía no estaba tan bien entrenada como el ejército, pero era eficaz a la hora de tratar los asuntos relacionados con la Compañía a nivel local. A lo largo de los años, a medida que se conquistaban más territorios, la Compañía tuvo que transformar la policía local en regimientos locales. Se construyeron guarniciones, y dependiendo de la ubicación y la necesidad, se llenaron de infantería o caballería, a veces incluso de ambas. A medida que cambiaba el panorama político en el subcontinente indio, muchos ejércitos de los gobernantes locales se unieron a la Compañía, obligados por tratados, esfuerzos diplomáticos o simplemente por la conquista.

Al principio, la política de la Compañía consistía en adaptar a los británicos que servían en la India al modo de vida "oriental". Esto significa que los generales y oficiales británicos que servían en la India (la mayoría de ellos lo hacían durante toda su vida) tenían que aprender el idioma y, en su mayor parte, acostumbrarse a las diferencias culturales entre su vida europea y la de los indios. Sin embargo, en 1813, la política de la Compañía había cambiado debido a la influencia de las enseñanzas evangélicas en su país.

En ese momento, la Compañía se esforzó por utilizar su filosofía cristiana y utilitaria para anglicizar y modernizar a la población de la India. Los misioneros cristianos comenzaron a aumentar su actividad en el subcontinente indio. El gobernador general prohibió la costumbre india del *satí*, en la que las viudas eran quemadas vivas encima de la pira funeraria de su marido. Los demás cambios que introdujo la Compañía también elevaron el estatus de la mujer en la sociedad india. La Compañía también se esforzó por abrir escuelas para los niños indios, en las que se les enseñaría todo en lengua inglesa exclusivamente. Sin embargo, la Compañía carecía de dinero para proyectos sociales y de modernización a tan gran escala.

Además de prohibir el *satí*, el gobierno de la Compañía trató de ayudar a la posición de las mujeres recompensando a las personas que se casaban con viudas. Sin embargo, para la sociedad conservadora de la India, a los gobernantes británicos no les bastaba con introducir nuevas leyes en su país. A menudo eran desobedecidas simplemente porque chocaban con las costumbres y tradiciones indias. Incluso los que aceptaban casarse con viudas pronto las abandonaban. Los hombres de la India pensaban que nada bueno podía salir de un matrimonio con la mujer de otro hombre, aunque este hubiera fallecido. El esfuerzo de la Compañía por reintroducir a las viudas en la sociedad fue criticado sobre todo por los brahmanes, la casta más alta de la India y con cuyo apoyo los británicos contaban más. Las viudas que no fueron quemadas tras la muerte de su marido fueron esencialmente condenadas por la sociedad en la que crecieron. Se vieron obligadas a ponerse al servicio de los británicos como criadas, sirvientas o incluso amantes si aún eran jóvenes y hermosas.

En lo que respecta a la modernización de la India, la Compañía solo invirtió en aquellos segmentos de la vida que servirían para aumentar sus beneficios. El servicio postal se introdujo en la India en 1837, pero solo conectaba las ciudades que estaban bajo el dominio de la Compañía. Más tarde, el servicio postal se extendió a las regiones en las que la Compañía tenía sus representantes, aunque esta no tuviera allí ningún control directo. Pero las oficinas de correos que abría servían a todo el público, y cualquier ciudadano podía beneficiarse de ellas. Aunque el subcontinente indio había desarrollado el servicio de mensajería, su uso se limitaba estrictamente a los gobernantes y a los nobles de clase superior.

A mediados del siglo XIX se introdujo la electricidad en la India y, con ella, la Compañía trajo la telegrafía. Sin embargo, al principio, los servicios telegráficos solo se utilizaban para los negocios relacionados con el transporte marítimo. Se construyeron cuatro oficinas telegráficas a lo largo del río Hooghly para conectar la línea entre Calcuta y Diamond Harbour. En 1855, el gobernador general de la India, Lord Dalhousie, obtuvo permiso para construir 41 oficinas más y una línea que conectaría Calcuta con Agra, Agra con Bombay, Agra con Peshawar y Bombay con Madrás. Esta línea se ampliaría en 1857 a 62 oficinas. Los servicios telegráficos se hicieron públicos en 1855 y estuvieron a disposición de todo el mundo.

El ferrocarril era uno de los servicios que más necesitaba la Compañía, ya que los trenes enviarían las mercancías comerciales mucho más rápido desde las líneas de producción a los puertos. Sin embargo, aunque la red ferroviaria conectaba la isla de Gran Bretaña en 1845, la India suponía un reto por su clima poco común y muy diverso, las estaciones monzónicas, la exuberante vegetación, las inundaciones y las tormentas tropicales en las zonas costeras. En 1849 se decidió construir tres líneas de ferrocarril, que los británicos observarían y luego decidirían si era lo suficientemente rentable invertir en conectar todo el subcontinente indio. La primera línea ferroviaria que se completó fue un tramo de 34 kilómetros que conectaba Bombay y Thane. Se terminó en 1853, y a partir de ahí, la red ferroviaria de toda la India siguió creciendo. Pero la construcción de ferrocarriles era todavía muy nueva, y la India no tenía expertos capaces de construir un sistema a gran escala que conectara todo el subcontinente, por lo que hubo que traer a los ingenieros de Inglaterra. Esto aumentó el precio y el tiempo de la construcción, ya que los expertos británicos tuvieron que introducirse en el propio terreno. Al final del gobierno de la Compañía en la India, la red ferroviaria estaba apenas en su nacimiento. Pero lo que hizo la Compañía fue sentar las bases para que la India siguiera construyendo ferrocarriles y avanzara en la modernización del subcontinente.

Los primeros conflictos

Robert Clive y el emperador Shah Allam
https://en.wikipedia.org/wiki/Treaty_of_Allahabad#/media/
File:Shah_'Alam_conveying_the_grant_of_the_Diwani_to_Lord_Clive.jpg

Durante la expansión de su influencia, la Compañía de las Indias Orientales experimentó una constante resistencia por parte de los gobernantes locales. La batalla de Plassey, en 1757, se considera el inicio del dominio británico en la India, ya que fue el primer conflicto armado contra un gobernante local, el nabab de Bengala, Siraj-ud-Daulah. Estaba aliado con los franceses, con quienes Inglaterra ya había librado la guerra de los Siete Años. La batalla de Plassey se considera a menudo como una prolongación de la guerra de los Siete Años; sin embargo, hay que señalar que la Compañía luchó por sus intereses, no solo por el Reino de Gran Bretaña. Francia también quería el monopolio del comercio en las Indias Orientales, y la Compañía Francesa de las Indias Orientales ya tenía un punto de apoyo en el subcontinente y quería mantener a los británicos fuera. La victoria británica sobre el Nabab de Bengala y sus aliados franceses garantizó que el monopolio comercial perteneciera a la Compañía británica de las Indias Orientales. Con Bengala firmemente bajo su control, la Compañía británica de las Indias Orientales se hizo con el control de todo el subcontinente indio durante los 100 años siguientes.

La victoria británica en la batalla de Plassey provocó un distanciamiento entre la Compañía y el Imperio mogol, ya que el nabab de Bengala, Siraj-ud-Daulah, era un aliado mogol. Las frías relaciones entre el imperio y la Compañía condujeron a la batalla de Buxar, que tuvo lugar el 22 de octubre de 1764. El conflicto se resolvió con el Tratado de Allahabad, firmado entre el emperador Shah Alam II (reinante en 1760-1788 y 1788-1806) y Robert Clive, de la Compañía de las Indias Orientales y primer gobernador británico de Bengala. Este tratado marcó el periodo de dominio político y constitucional británico de la India, ya que el Imperio mogol concedió a la Compañía el derecho a recaudar los ingresos en todo el imperio. A cambio, la Compañía pagaba al Sha Alam un tributo anual, que el emperador utilizaba para mantener su corte real. Así, el dominio mogol de la India llegó a su fin.

Entre 1775 y 1818, la Compañía británica de las Indias Orientales estuvo en guerra con la Confederación maratha en tres ocasiones distintas. Maratha era un imperio formado en el siglo XVII por el pueblo guerrero de habla marathi del oeste de la meseta del Decán. Fueron ellos quienes liberaron la mayor parte del subcontinente indio del Imperio mogol. La primera guerra anglo-maratha, que duró de

1775 a 1782, se libró porque la Compañía decidió inmiscuirse en la lucha dinástica del imperio. La Compañía ganó, y el resultado fue la extensión de la influencia de la Compañía sobre los territorios del Imperio maratha. Además, los marathas debían prohibir a la Compañía francesa de las Indias Orientales que se afianzara en sus territorios, asegurando el monopolio de la Compañía británica sobre el comercio en las Indias Orientales.

La segunda guerra anglo-maratha, que tuvo lugar entre 1803 y 1805, se libró debido a las luchas internas en el Imperio maratha. En aquella época, el imperio era una confederación dirigida por cinco señores de la guerra que se enzarzaban constantemente en conflictos internos. Para proteger sus intereses, la Compañía dio su apoyo a Baji Rao II, el peshwa del imperio (algo parecido a un primer ministro), que acordó un tratado que condenaba a los territorios maratha a someterse al dominio británico. No todos los caudillos aceptaron el tratado, lo que dio lugar a la segunda guerra anglo-maratha. Todos los señores de la guerra acabaron sometiéndose y el Imperio maratha se convirtió en un estado cliente de la Compañía británica de las Indias Orientales.

La tercera guerra anglo-maratha, que duró de 1817 a 1818, comenzó por una rebelión encabezada por Peshwa Baji Rao II. Aunque se había aliado con los británicos en la guerra anterior, ahora estaba insatisfecho con el creciente poder de la Compañía y el declive de su imperio. Sin embargo, la Compañía salió victoriosa, a pesar de que su ejército era significativamente superado en número. Sin embargo, la Compañía disponía de tecnología y entrenamiento militar modernos, mientras que los marathas se obstinaban en utilizar sus antiguos métodos de guerra. Tras la tercera guerra anglo-maratha, la Compañía británica de las Indias Orientales se hizo con el control de todo el subcontinente. El Imperio maratha perdió su independencia y simplemente se derrumbó. Algunos de sus territorios se anexionaron y formaron las Provincias Centrales de la India Británica.

Durante las tres décadas siguientes, la Compañía de las Indias Orientales tuvo el control total de toda la India y obtuvo grandes beneficios. Incluso aprovecharon la oportunidad para confiscar algunas de las colonias que habían pertenecido a otras naciones europeas, como las islas de Reunión y Mauricio, que eran posesiones francesas. Las islas holandesas Molucas, más conocidas como las islas de las Especias, cayeron en manos británicas tras la invasión. Con ellas, la Compañía se hizo con las riquezas que aportaba la producción y el comercio de especias como la nuez moscada y el clavo. Cuando Java cayó en manos de los británicos, los holandeses perdieron por completo su posición en las Indias Orientales.

De vuelta a casa, en las islas británicas, el movimiento de renacimiento protestante estaba creciendo. La Compañía se vio influenciada por el movimiento y organizó una difusión sistemática de la religión en sus colonias. Aunque la Compañía reconocía y respetaba oficialmente el hinduismo y el islam en la India, sus miembros eran muy poco respetuosos con las construcciones sociales, las castas y los grupos étnicos que les pertenecían. El aumento de las tensiones entre la Compañía de las Indias Orientales y los grupos religiosos y culturales locales fue lo que acabaría desencadenando los motines de 1824 y 1857.

El motín de Barrackpore

Fue durante la primera guerra anglo-birmana cuando se envió la orden de una marcha de casi 500 millas (800 kilómetros) a tres regimientos de la Infantería Nativa de Bengala. Debían recorrer la distancia entre Calcuta, en Bengala, y Chittagong (en el actual Bangladesh), donde serían destinados para preparar el frente en Birmania. Sin embargo, esta marcha planteó varios problemas a los cipayos. Al principio, los birmanos salieron victoriosos contra los británicos, lo que llevó a los indios a creer que su enemigo tenía poderes sobrenaturales. Por ello, eran reacios a luchar contra los birmanos. Además, estos regimientos acababan de terminar una larguísima marcha desde Mathura hasta Barrackpore, y estaban cansados y necesitados de descanso y reabastecimiento.

Pero la alternativa de la marcha a Chittagong era aún peor para los cipayos. Los cipayos procedían en su mayoría de las castas superiores de la India, y para ellos, cruzar el agua era un tabú. Llevar un barco a su destino era un sacrilegio para ellos, y la Compañía británica de las Indias Orientales tenía que cumplir con sus creencias religiosas. Este tabú se conoce como kala pani ("agua negra"), y los hindúes creían que, si cruzaban las aguas para llegar a tierras extranjeras, perderían el respeto social y su carácter cultural. La única forma viable de transportar a los cipayos de una parte a otra del país era por tierra. Sin embargo, la red ferroviaria no llegaba aún a todas las partes del subcontinente, y los cipayos no tenían más remedio que marchar.

Otro tabú entre los indios de casta alta era que debían preparar su comida y comerla en utensilios de cocina separados, que solían ser de latón pesado. Esto significaba que cada soldado tenía su propia y pesada mochila que llevar durante la marcha, lo que les hacía aún más difícil. Además de la mochila, que contenía comida, utensilios, mantas y munición, los cipayos debían llevar sus mosquetes.

Los cipayos exigieron a la Compañía que les proporcionara o bien toros para tirar de su equipo y disminuir el peso de las espaldas de los soldados, o bien que se les pagara un dinero extra para que pudieran comprar ellos mismos los animales. Sin embargo, la Compañía declinó la petición de sus soldados, ofreciéndoles el consejo de desechar todo lo que no fuera necesario de sus mochilas. Los cipayos insistieron en sus demandas porque no podían romper sus propias creencias religiosas. Fue entonces cuando la Compañía optó por amenazar a los cipayos, declarando que, si no dejaban de quejarse, serían enviados a Chittagong por mar.

Los cipayos escribieron una petición al comandante en jefe de la India, Edward Paget, y esperaron pacientemente la respuesta. Cuando Paget se enteró de la situación en Barrackpore, decidió ocuparse personalmente del asunto y se trasladó allí desde Calcuta. Paget era muy conservador en sus costumbres militares, y las quejas de los cipayos le parecían una preparación para el motín. Trajo consigo a las tropas europeas de Calcuta y les ordenó atacar a los regimientos desobedientes de la Infantería Nativa de Bengala.

Representación del general Edward Paget
https://commons.wikimedia.org/wiki/
File:Sir_Edward_Paget_by_Martin_Archer_Shee_1810.jpg

La orden final para que los rebeldes depusieran las armas fue enviada el 2 de noviembre de 1824, pero el comandante en jefe se anticipó a la negativa y ya había organizado el ataque. El ejército leal fue enviado a rodear el campamento de los cipayos y a esperar nuevas órdenes. Paget ordenó disparar contra los cipayos al no recibir respuesta. Presas del pánico, los cipayos intentaron huir, pero todas las salidas del campamento estaban bloqueadas. Los europeos y los leales indios se enzarzaron en lo que solo puede describirse como una masacre. Muchos transeúntes, lugareños, mujeres y niños fueron masacrados durante la operación. Tras el ataque, una investigación concluyó que los rebeldes no tenían intenciones violentas, ya que ni siquiera se habían molestado en cargar sus mosquetes.

El líder de los cipayos rebeldes fue rápidamente juzgado y ahorcado. Los que no murieron durante la masacre fueron arrestados y luego condenados a muchos años de trabajos forzados. Otros once cipayos fueron señalados como probables líderes, y todos fueron condenados a morir en la horca. El 47º Regimiento de la Infantería Nativa de Bengala fue disuelto, y todos los oficiales indios cayeron en desgracia y ni siquiera fueron considerados lo suficientemente dignos para servir al gobierno. Todos los oficiales británicos que estaban a cargo de los regimientos de los cipayos, aunque no pudieron hacer frente al motín, fueron trasladados a otros regimientos, donde continuaron su servicio como si nada hubiera pasado.

Se cree generalmente que la protesta de los cipayos fue pacífica y que el gobierno británico de la India utilizó la violencia para reprimirla. Para preservar la imagen de la Compañía, no se permitió a las agencias de noticias informar sobre el motín de Barrackpore ni en Calcuta ni en Londres. La declaración oficial se imprimió en la *Calcutta Gazette*, pero mencionaba la rebelión como un pequeño levantamiento trivial que fue resuelto rápidamente y sin víctimas. La primera crítica de los hechos se produjo seis meses más tarde, en el *Oriental Herald*, que acusó a los oficiales británicos de masacrar a los cipayos. Cuando otros cipayos se enteraron finalmente de la verdad sobre el incidente, muchos desertaron del ejército británico. Se creó un ambiente general de desconfianza entre los soldados indios y sus oficiales británicos, que acabaría desembocando en la gran rebelión de 1857 y en el desmantelamiento de la Compañía de las Indias Orientales.

Capítulo 2: La rebelión de 1857 y la caída de la Compañía

Una escena de la rebelión de 1857
https://en.wikipedia.org/wiki/File:Sepoy_Mutiny_1857.png

Preludio

Durante más de treinta años, desde el motín de 1824, los cipayos siguieron preocupados por sus derechos religiosos durante su servidumbre en la Infantería Nativa de Bengala. La Compañía de las Indias Orientales no hizo nada para persuadir a sus soldados hindúes y musulmanes de que su cultura y religión serían respetadas. La Compañía continuó con la práctica de reclutar a indios de casta alta y a familias musulmanas ricas, y ambos grupos tenían sus propias preocupaciones sobre su estatus en el ejército. Los hindúes seguían creyendo en el kala pani, y preferían marchar en lugar de navegar. Pero en 1856, la Compañía promulgó un acta en la que se obligaba a todos los nuevos reclutas a viajar por mar. Aunque la ley no afectaba a los cipayos que ya estaban sirviendo, estos se mostraron preocupados por la aplicación de la ley en el futuro. Sus preocupaciones se vieron ampliadas por el hecho de que el número de cristianos evangelistas en la India seguía aumentando. Pronto comenzó el rumor de que la Compañía se estaba preparando para convertir a todos los indios al cristianismo.

La última gota que colmó el vaso de los cipayos fue la introducción de nuevas municiones para los mosquetes. La munición estaba empaquetada en cartuchos de papel, que debían ser mordidos antes de ser utilizados. En general, esto no suponía un problema siempre que el papel no estuviera engrasado con lo que los cipayos suponían que era sebo de vaca y de cerdo. Para los hindúes y los musulmanes, el consumo de estos animales estaba estrictamente prohibido. Incluso acercar los cartuchos a la boca era un sacrilegio para los cipayos religiosos. Pronto empezaron a protestar, y no importaba que la Compañía prometiera que la grasa del papel no era grasa animal. La desconfianza hacia los oficiales británicos era ya demasiado grande, y cuando la Compañía anunció un nuevo modelo de cartuchos que se podían arrancar, no morder, los cipayos solo creyeron que sus temores anteriores estaban ahora justificados.

Como si se tratara de una especie de maldición, el lugar de nacimiento de la rebelión que derribaría a la Compañía coincidió con el mismo lugar donde se produjo la anterior rebelión de 1824. Un cipayo llamado Mangal Pandey se enfadó por la falta de respeto a su religión y cultura y quiso hacer algo al respecto. Muchos testigos presenciales afirmaron que Mangal Pandey estaba en una especie de trance religioso cuando disparó contra su sargento mayor, que solo quería calmar a Pandey. El incidente ocurrió el 29 de marzo de 1857, y se emitió inmediatamente la orden de arrestar a Pandey, pero ningún cipayo indio quiso acercarse a él. Al ver que no lograba inspirar a sus camaradas a amotinarse, Mangal Pandey se disparó. Pero solo consiguió herirse a sí mismo, y fue arrestado, ya que ahora era incapaz de oponer resistencia.

Como si se tratara de un motín colectivo, todo el 34º Regimiento, al que pertenecía Pandey, fue destituido y deshonrado. Mangal Pandey fue ahorcado por sus acciones el 8 de abril de 1857. El soldado que se atrevió a detener a Mangal fue ascendido, pero no llegó a disfrutar de su nuevo rango de sargento, ya que fue asesinado solo seis semanas después de la muerte de Pandey. Los culpables fueron los ex miembros del 34º Regimiento de la Infantería Nativa de Bengala.

Aunque Pandey no vivió para ver el levantamiento, la historia de sus acciones se extendió rápidamente por otros regimientos del ejército. Su muerte fue el acto inicial de lo que sería la Rebelión India de 1857. No solo se convirtió en el modelo de los posteriores líderes rebeldes, sino que también fue elevado a la categoría de héroe nacional. El partido nacionalista indio moderno suele presentar a Mangal Pandey como una mente maestra que se sacrificó para iniciar la revuelta contra la Compañía de las Indias Orientales, aunque él afirmó durante el juicio que estaba bajo los efectos del opio y que ni siquiera recordaba sus actos.

Pronto, los disturbios comenzaron a extenderse. En abril, Agra, Allahabad y Ambala ardían. Los cipayos aún no se rebelaban abiertamente, pero recurrían a los incendios provocados en protesta por los cartuchos y el trato general de sus culturas y religiones. El 24 de abril, en Meerut, se produjo uno de los mayores disturbios. Los cipayos de allí se negaron a utilizar los nuevos cartuchos durante el ejercicio de tiro y, como castigo, fueron todos arrestados. Ochenta y cinco soldados indios fueron condenados a diez años de prisión y trabajos forzados. Pero las acciones de los oficiales británicos fueron las que provocaron los disturbios al día siguiente. Optaron por despojar públicamente a los cipayos de sus uniformes para humillarlos delante de otros regimientos. En lugar de provocar el miedo en los soldados restantes, los británicos solo consiguieron instigar su ira.

Meerut también albergaba una fuerza británica muy grande, que tenía más de 2.000 soldados británicos sirviendo allí. Al día siguiente, fueron los soldados británicos los que sufrieron, ya que los cipayos restantes exigieron venganza. Los soldados indios planeaban liberar a sus camaradas por cualquier medio, y la revuelta fue liderada por el 3er regimiento de caballería. Los primeros en morir fueron los oficiales europeos de menor rango, que intentaron detener el motín antes de tiempo. Los oficiales superiores fueron advertidos de la posible revuelta, pero decidieron no hacer nada por ser domingo, día de descanso y reflexión. Los cuarteles civiles también fueron atacados, y algunas mujeres y niños fueron asesinados. Los soldados fuera de servicio que se encontraban en el bazar de la ciudad fueron atacados por turbas furiosas, ya que la revuelta comenzó a ser apoyada por los civiles indios que apoyaban a los cipayos. Algunos sirvientes y civiles indios ayudaron a los oficiales británicos sacándolos de las calles, pero una vez que se aseguraron de que los europeos estaban a salvo, se unieron a los manifestantes en las calles de Meerut. Algunos cipayos mostraron un cuidado similar por los oficiales británicos de confianza, las mujeres y los niños, que fueron escoltados a un lugar seguro durante el motín.

Los cipayos rebeldes se trasladaron de Meerut a Delhi, que estaba a solo sesenta y cuatro kilómetros de distancia. Allí, el 11 de mayo, apelaron a Bahadur Shah (1837-1857), el último emperador mogol, para que los dirigiera. Sin embargo, Bahadur Shah era un emperador solo de nombre, ya que su gobierno se limitaba únicamente a la ciudad de Delhi. Era un emperador títere que servía a la Compañía de las Indias Orientales, y por ello recibía una pensión para mantener su estatus y su corte. Se contentaba con su posición de emperador títere, e ignoraba a los cipayos que le convocaban. Sin embargo, la corte de Bahadur Shah le abandonó y se unió a la revuelta, obligando así al viejo emperador a reconocer la rebelión.

Delhi tenía un gran depósito de municiones y armas, y temiendo que los cipayos rebeldes se hicieran con él, los oficiales británicos ordenaron un ataque. Presas del pánico, mataron a sus propios guardias que estaban apostados para proteger el arsenal de Delhi. Pero los cipayos eran demasiados y seguían atacando a los soldados británicos. Viendo que era imposible proteger el arsenal de los rebeldes, los británicos decidieron volarlo. La explosión fue masiva y mató a muchos civiles en las calles. Esta explosión masiva y la matanza de civiles enfureció al resto de los cipayos, que se habían mostrado reacios a unirse a la rebelión. Las filas de los rebeldes comenzaron a engrosar aún más como resultado.

Muchos europeos huyeron de la ciudad en sus carruajes o a pie. Algunos fueron ayudados por sirvientes indios leales o aldeanos, pero muchos murieron tratando de llegar a Meerut. La mayoría de los europeos de Delhi eran civiles, comerciantes e ingenieros del Imperio británico, y habían estado viviendo en la India junto con sus esposas e hijos. Por desgracia, se encontraban en medio del conflicto y se convirtieron en una de las primeras víctimas. Por si fuera poco, Bahadur Shah ordenó que se ejecutara en el patio del palacio a todos los europeos encarcelados durante los disturbios y a los que se encontraran escondidos en Delhi.

Una vez que cayó Delhi, la reacción de los oficiales británicos hizo que muchos más cipayos se unieran a la rebelión. Un pequeño número de británicos confiaba en los cipayos que mandaban, pero muchos más intentaron contener y desarmar a sus soldados para evitar que el motín se extendiera. Esto solo instigó a los cipayos a rebelarse abiertamente contra sus comandantes. Los militares y los administradores civiles se apresuraron a retirarse de las ciudades y a poner a sus familias a salvo. Esto fue visto como un abandono por muchos soldados indios leales, que entonces decidieron unirse a la rebelión. Sin embargo, los soldados musulmanes no sabían cómo reaccionar. No sentían el mismo resentimiento por sus oficiales británicos que los hindúes, y los líderes religiosos islámicos no se ponían de acuerdo sobre si proclamar la yihad o no. Aunque algunos soldados musulmanes tomaron las armas contra los británicos, un gran número de ellos permaneció leal a la Compañía y ofreció su apoyo contra los cipayos.

La revuelta

Los gobernantes mogoles perdieron su poder en el norte del subcontinente indio cuando la Compañía británica de las Indias Orientales conquistó sus tierras. Sin embargo, su nombre seguía resonando con fuerza entre el pueblo indio, tanto los plebeyos como la nobleza. Los mogoles incluso evocaban el sentimiento de respeto entre los líderes extranjeros. Como los cipayos no tenían oficiales indios para dirigirlos, la elección natural era su antiguo emperador, que disfrutaba de su pensión pagada por la Compañía. Algunos historiadores creen que Bahadur Shah era testarudo y no quiso unirse a la rebelión hasta que se vio abiertamente amenazado por su pueblo y la nobleza de su corte. Lo primero que hizo Bahadur Shah una vez proclamado oficialmente emperador de la India fue emitir su propia moneda para afirmar su nuevo poder. Sin embargo, esta proclamación del emperador mogol como líder de la India alejó a los sijs y al estado de Punjab de la rebelión, y ofrecieron su apoyo a los británicos para evitar volver al dominio islámico.

Durante los primeros conflictos con los británicos, las fuerzas indias fueron capaces de avanzar y tomar algunas ciudades de importancia estratégica en las provincias de Haryana y Bihar, así como en las provincias centrales y unidas de Agra y Awadh. Sin embargo, los amotinados cipayos carecían de un mando centralizado, ya que su emperador lo era solo de nombre. Bahadur Shah era demasiado viejo (tenía más de ochenta años), y sus hijos, los príncipes y la nobleza carecían de conocimientos bélicos. Algunos de los cipayos mostraron una predisposición natural al liderazgo y, más tarde, el emperador los proclamó oficialmente comandantes en jefe. Uno de ellos fue Bakht Khan, que sustituyó al hijo del emperador, Mirza Mughal, cuando este demostró ser un líder ineficiente

Los cipayos no fueron los únicos que se resintieron del dominio británico en la India. Las sociedades agrícolas de algunas provincias se levantaron en una rebelión civil por el injusto trato de los británicos. Debido al levantamiento de los soldados indios, los civiles se sintieron lo suficientemente valientes como para empezar a oponerse a la administración británica, que había otorgado a la Compañía derechos ilimitados sobre la tierra, dejando a los campesinos en una pobreza perpetua. Los revolucionarios civiles eran numerosos, y ese número no hizo más que multiplicarse una vez que abrieron las cárceles británicas y liberaron a todos los indios que habían sido condenados por los británicos. Aunque la revuelta comenzó como un motín militar, creció hasta convertirse en un levantamiento de la población en general.

Los rebeldes sentían la necesidad de contar con algún tipo de entidad institucional que les diera legitimidad y asegurara los territorios recién arrebatados a los británicos. Al fin y al cabo, el emperador no era más que un símbolo y no estaba en absoluto capacitado para dirigir el Estado. Se formó un consejo para tratar todos los asuntos legislativos y administrativos, pero la Compañía organizó su contraataque muy pronto y detuvo todos los esfuerzos de los rebeldes para seguir organizando y construyendo un nuevo estado.

No ayudó el hecho de que los rebeldes no pudieran ponerse de acuerdo sobre sus planes de futuro. No compartían la misma perspectiva política y, debido a los numerosos desacuerdos que surgieron, no pudieron dar vida a un nuevo orden político. La Compañía llegó a admitir más tarde que la India se habría perdido a manos de Gran Bretaña si un solo líder capaz hubiera surgido de las filas de los rebeldes. Los rebeldes solo estaban unidos por su odio común al dominio británico, y este odio no era suficiente. Cada grupo de rebeldes luchaba por sus propias razones, y la comunicación entre los líderes era casi inexistente. En algunas zonas, los rebeldes desconocían por completo las luchas ganadas y perdidas en las provincias vecinas. Pero mostraron un valor, una dedicación y un compromiso notables, y consiguieron poner de rodillas a la Compañía.

El asedio de Delhi

Representación del asedio de Delhi

https://commons.wikimedia.org/wiki/File:Capture_of_Delhi,_1857..jpg

Al ver sus filas militares significativamente reducidas (se estima que la mitad del número total del ejército de la Compañía se unió a la rebelión), los británicos enviaron a pedir ayuda. Debido a la pérdida de cipayos leales, tardaron en organizar su contraataque. Esperaron a que las tropas británicas llegaran desde su país o desde otras colonias, lo que llevó meses. Algunos soldados fueron enviados por mar, mientras que otros tuvieron que cruzar Persia porque habían estado luchando en la guerra de Crimea con los rusos (1853-1856). La Compañía tardó dos meses en organizar sus fuerzas de campo e iniciar un contraataque. Se enviaron dos columnas desde Meerut y Shimla en marcha hacia Delhi. En su camino, mataron a muchos indios, sin tener en cuenta si pertenecían a los rebeldes o no. Las fuerzas británicas se reunieron en Karnal, y unidas a contratistas del Reino de Nepal, lucharon contra el principal ejército rebelde en la batalla de Badli-ki-Serai el 8 de junio de 1857.

Los números del ejército rebelde siguen siendo un misterio. En algunas obras contemporáneas, la fuerza de los rebeldes se estimó en 30.000; sin embargo, los historiadores modernos creen que esta cifra es una exageración. Las cifras realistas se sitúan entre 4.000 y 9.000. Sin embargo, los rebeldes no tenían muchas armas de fuego, ya que dependían de lo que podían capturar de los británicos. Sus números fueron reforzados en gran medida por los civiles, que lucharon con espadas, ganchos y horquillas.

Aunque el ejército británico estaba muy superado en número por los cipayos y los civiles que se les unieron, las tácticas que utilizaron les dieron la victoria. Los británicos fueron capaces de capturar los puestos de armas en los pueblos que rodean Delhi, mientras los asustados cipayos se retiraban. Corrieron a Delhi, llevando la noticia de que el ejército británico estaba en camino. Esta noticia asustó a la mayoría de los civiles, que abandonaron la rebelión. Pero el ejército británico estaba cansado, ya que los soldados recién llegados de Gran Bretaña y Crimea no estaban acostumbrados al clima del subcontinente indio. Sufrían tanto de agotamiento como de enfermedades, y no estaban en condiciones de atacar Delhi. En su lugar, optaron por asediarla.

Incluso cuando los británicos estuvieron finalmente preparados para ordenar el ataque, la desorganización de la red de comunicaciones llevó a la confusión. La orden exigía un ataque a la ciudad para la mañana del 14 de julio, pero no llegó a tiempo a todos los oficiales. El ataque tuvo que ser suspendido y el asedio continuó. Esta confusión dio a los rebeldes el tiempo que necesitaban, ya que por fin habían llegado sus refuerzos de otras provincias. Los rebeldes del interior de la ciudad atacaron a los soldados británicos en dos ocasiones distintas y estuvieron muy cerca de expulsarlos. Sin embargo, los rebeldes continuaron retirándose en puntos cruciales de la batalla, consiguiendo poco.

Mientras tanto, las filas británicas se vieron diezmadas por la propagación del cólera en sus filas. Incluso los oficiales sucumbieron a esta enfermedad y tuvieron que ser sustituidos por soldados menos competentes de menor rango. Archdale Wilson fue ascendido al rango de general debido a esto, pero no hizo nada para mejorar las condiciones de sus soldados. Era el momento perfecto para que los rebeldes atacaran, pero tenían sus propios problemas. Los fracasos anteriores habían desmoralizado a los cipayos y se negaron a atacar. Los británicos recibieron finalmente la ayuda que necesitaban con la llegada de las fuerzas del Punjab. Con ellas, los británicos tenían toda la artillería necesaria para derribar Delhi.

El general de brigada John Nicholson organizó el bombardeo de la ciudad. Construyó cuatro baterías formadas por varios tipos de cañones. Los disparos se abrieron estratégicamente para engañar a los rebeldes y hacerles creer que el ataque principal vendría del este. Pero los británicos atacaron desde el norte, abriendo una brecha en la muralla de Delhi el 14 de septiembre de 1857. Pronto, la infantería y la caballería asaltaron la ciudad.

Los rebeldes carecían de pólvora y munición para combatir eficazmente los ataques, y la moral del ejército bajó aún más. Perdieron algunas partes de la ciudad antes de reunir el valor suficiente para defender lo que quedaba. En un momento dado, los rebeldes incluso obligaron a los británicos a retirarse y a refugiarse en la iglesia de Saint James (en español, iglesia de Santiago). Archdale Wilson quiso pedir la retirada, pero John Nicholson, que estaba herido de muerte, amenazó con dispararle si se daba esa orden. Al final, se decidió que los británicos y el ejército de la Compañía mantuvieran su posición y aseguraran las partes de la ciudad que habían ganado.

Ahora el ejército británico estaba desmoralizado y se entregó a beber el alcohol que habían saqueado durante el ataque. Los rebeldes no estaban en mejor situación, ya que carecían de alimentos. Ambos bandos estaban en una situación difícil y no tenían fuerzas para organizar otro ataque. Finalmente, Wilson intentó devolver la disciplina a sus soldados y ordenó la destrucción del alcohol confiscado. Con fuerzas renovadas, los británicos consiguieron capturar el arsenal de la ciudad el 16 de septiembre. En dos días, limpiaron la ciudad de cualquier fuerza rebelde y obligaron a huir al emperador Bahadur Shah. La Compañía declaró la victoria el 21 de septiembre y Delhi volvió a estar en sus manos. John Nicholson murió al día siguiente.

La ciudad fue saqueada por los soldados británicos durante los cuatro días siguientes. Aunque su pérdida oficial fue de 1.817 soldados, es imposible decir cuántos cipayos o civiles perdieron la vida. Los rebeldes que no murieron durante el ataque fueron capturados y encarcelados. Sin embargo, el coste de la victoria dejó a la Compañía sin medios para alimentar tanto a sus soldados como a sus prisioneros. La elección fue fácil para los británicos, que querían vengarse de sus compañeros caídos. Todos sus prisioneros fueron asesinados sin siquiera un juicio.

Bahadur Shah fue encontrado a 10 kilómetros de Delhi. Junto con sus hijos, fue capturado y llevado a Delhi, donde se le prometió clemencia. Sin embargo, no se ofreció tal promesa a sus tres hijos, que fueron asesinados. Sus cabezas fueron presentadas al emperador mogol, lo que, según fuentes contemporáneas, le deprimió tanto que se negó a comer.

Campañas en otras provincias

En Cawnpore (Kanpur) se produjo una rebelión encabezada por el Peshwa del Imperio maratha, Nana Sahib (aunque el Imperio maratha había terminado oficialmente, el gobernante conservaba cierto grado de autoridad). Allí, los europeos fueron asediados en un atrincheramiento al sur de la ciudad. El general de división británico en Cawnpore era Sir Hugh Massy Wheeler, que confiaba en su prestigio y capacidad para negociar con Nana Sahib, ya que estaba casado con una india de casta alta y era un veterano muy respetado. No hizo casi nada para asegurar a su gente o fortificar sus cuarteles. Los europeos consiguieron sobrevivir al asedio durante tres semanas antes de verse obligados a rendirse a los rebeldes por la falta de alimentos. Pero exigieron un pasaje seguro a Allahabad, que les fue concedido el 27 de junio de 1857. Nana Sahib incluso les proporcionó barcos para transportarlos. Sin embargo, mientras se preparaban para subir a los barcos, alguien de las fuerzas rebeldes disparó accidentalmente su arma, y los británicos, asustados, empezaron a disparar, por lo que fue imposible evitar una masacre.

Los rebeldes mataron a casi todos; solo cuatro hombres sobrevivieron y llegaron a Allahabad. Alrededor de 206 mujeres y niños fueron tomados como rehenes. Al principio, Nana Sahib quería a los prisioneros vivos, pero cuando el ejército de socorro de la Compañía se acercó a su grupo rebelde, ordenó que los mataran a todos. Todos los cipayos, excepto cinco, se negaron a hacerlo, y estos cinco hombres entraron en Bibighar ("Casa de las Damas"), donde estaban los prisioneros, y allí masacraron a mujeres y niños. Este acontecimiento se recuerda como la masacre de Bibighar, que tuvo lugar el 15 de julio de 1857. Por supuesto, la masacre solo enfureció a los británicos. Después de la masacre, el ejército británico utilizó la frase "¡Recuerda Cawnpore!" antes de cada batalla, adoptándola como su grito de guerra oficial. El comandante británico del ejército de socorro fue quizá más despiadado que Nana Sahib. Mientras marchaba de Allahabad a Cawnpore, dos semanas antes de que se produjera la masacre de Bibighar, ordenó quemar todas las aldeas en su camino y matar a todos los campesinos. Sus acciones solo empujaron a los ciudadanos indios indecisos y neutrales y a los cipayos a unirse a la rebelión.

Los rebeldes mataron a casi todos; solo cuatro hombres sobrevivieron y llegaron a Allahabad. Alrededor de 206 mujeres y niños fueron tomados como rehenes. Al principio, Nana Sahib quería a los prisioneros vivos, pero cuando el ejército de socorro de la Compañía se acercó a su grupo rebelde, ordenó que los mataran a todos. Todos los cipayos, excepto cinco, se negaron a hacerlo, y estos cinco hombres entraron en Bibighar ("Casa de las Damas"), donde estaban los prisioneros, y allí masacraron a mujeres y niños. Este acontecimiento se recuerda como la masacre de Bibighar, que tuvo lugar el 15 de julio de 1857. Por supuesto, la masacre solo enfureció a los británicos. Después de la masacre, el ejército británico utilizó la frase "¡Recuerda Cawnpore!" antes de cada batalla, adoptándola como su grito de guerra oficial. El comandante británico del ejército de socorro fue quizá más despiadado que Nana Sahib. Mientras marchaba de Allahabad a Cawnpore, dos semanas antes de que se produjera la masacre de Bibighar, ordenó quemar todas las aldeas en su camino y matar a todos los campesinos. Sus acciones solo empujaron a los ciudadanos indios indecisos y neutrales y a los cipayos a unirse a la rebelión.

Los rebeldes también asediaron Lucknow, donde unos 1.700 europeos y cipayos leales servían al comisionado británico. Durante tres meses, los rebeldes bombardearon Lucknow, intentando romper sus defensas y entrar en la guarnición, pero no tuvieron éxito. Al final del asedio, solo quedaban 650 defensores británicos, junto con unos 500 civiles. El 25 de septiembre, se envió ayuda desde Cawnpore bajo el liderazgo de Sir Henry Havelock, pero su columna era muy pequeña, y aunque derrotaron a los rebeldes, no pudieron romper el asedio. En cambio, se vieron obligados a unirse a la guarnición británica. En octubre, se envió otro ejército de socorro a Lucknow, que finalmente consiguió evacuar a los europeos asediados. Decidieron retirarse y no enfrentarse a los rebeldes en una batalla abierta, ya que tenían un gran número de mujeres y niños bajo su protección. Se retiraron a Cawnpore y los rebeldes intentaron retomar la ciudad. La segunda batalla de Cawnpore tuvo lugar el 5 de diciembre de 1857, en la que los británicos ganaron y frustraron los intentos de los rebeldes de recuperar tanto Cawnpore como Lucknow.

En Bihar, la rebelión se limitó principalmente a una región, aunque se produjeron pequeños saqueos e incursiones en todo el estado. Uno de los mayores conflictos en la zona comenzó el 25 de julio en la guarnición de Davanpur. Allí, los cipayos de la Infantería Nativa de Bengala planeaban asediar la ciudad de Arrah. Sin embargo, los europeos que habitaban esa ciudad se adelantaron al motín y no se quedaron de brazos cruzados. Escogieron la casa de Richard Vicars Boyle, un ingeniero al servicio de la Compañía, como el lugar más seguro, y construyeron barricadas a su alrededor. Una vez que llegaron los rebeldes, no pudieron hacer mucho más que asediar la casa que escondía a los europeos de la ciudad. Cuando los británicos se enteraron de que los europeos estaban atrapados, enviaron un ejército de socorro que logró combatir a los rebeldes y liberar a sus compañeros.

En el Punjab las actividades rebeldes fueron limitadas, ya que los cipayos amotinados no contaban con el apoyo de los civiles. Las guarniciones del Punjab tampoco tenían una comunicación bien organizada entre sí, por lo que, si el motín estallaba en uno de los recintos, los demás ni siquiera se enteraban, y mucho menos se unían a ellos. La mayoría de los amotinados que se levantaron contra sus superiores en el Punjab simplemente abandonaron las guarniciones y marcharon a Delhi para unirse al ejército rebelde principal.

Casi todo el subcontinente indio experimentó levantamientos en algún grado. Algunos se resolvieron fácilmente, ya que los rebeldes quedaron aislados del ejército principal, mientras que otros se perdieron porque los británicos se vieron obligados a abandonar sus puestos. Sin embargo, no solo el subcontinente indio se levantó contra el dominio británico en 1857. Otras colonias británicas con población india también experimentaron levantamientos. A menudo se denominaron rebeliones de imitación, y se produjeron sobre todo en las islas del sudeste asiático, conocidas como los Asentamientos del Estrecho. En Trinidad también se produjo un pequeño levantamiento, pero los británicos controlaron la situación antes de que se agravara. Los asentamientos penales británicos de Birmania y Penang exigieron un refuerzo de la seguridad cuando los disturbios se extendieron entre los indios encarcelados. Sin embargo, una rápida reacción británica evitó el estallido de una rebelión.

La reina Rani de Jhansi

La zona de la India Central (actualmente partes de Madhya Pradesh y Rajastán) estaba formada por 6 estados grandes y casi 150 más pequeños. Estaban bajo el dominio nominal de los príncipes mogoles y marathas, pero todos eran administrados por la Compañía de las Indias Orientales. Allí, la oposición al dominio británico se centró en gran medida en el estado de Jhansi, donde Rani Lakshmibai desafió a los británicos. Los europeos trataron de anexionar este estado utilizando una política conocida como la doctrina de la caducidad, que establecía que la zona gobernada por un príncipe sería absorbida si el gobernante moría sin un heredero varón. Aunque Rani Lakshmibai y su marido, Gangadhar Rao Newalkar, habían adoptado un hijo, los británicos se negaron a reconocer al joven príncipe como heredero de Jhansi una vez que Gangadhar Rao murió, ya que no era su hijo biológico.

La reina Rani con su uniforme de caballería

https://en.wikipedia.org/wiki/Rani_of_Jhansi#/media/File:Rani_of_jhansi.jpg

Rani Lakshmibai era todo lo contrario de lo que la sociedad patriarcal de la India quería que fueran las mujeres de la época. Era muy culta y, además de interesarse por la lectura y la escritura, era muy hábil en el tiro, la equitación y el combate cuerpo a cuerpo. Sus amigos de la infancia eran destacados líderes de la rebelión contra la Compañía británica de las Indias Orientales. La razón de la educación poco convencional de Rani podría deberse a la pérdida de su madre a una edad temprana. Se crio entre los hombres de la casa mientras su padre trabajaba para el peshwa del distrito de Bithoor.

Cuando estalló la rebelión en Meerut, Rani no quiso oponerse al dominio británico, que le había permitido reunir un ejército para su protección personal. Sin embargo, desafió abiertamente a las autoridades británicas cuando organizó una reunión social en forma de ceremonia para mujeres casadas (Haldi Kumkum). La ceremonia también sirvió para asegurar a sus súbditos que los británicos eran débiles y que podían ser derrotados fácilmente. En junio de 1857, el 12º Regimiento de Infantería Nativa de Bengala atacó el Fuerte de la Estrella de Jhansi, llevándose todo su tesoro y municiones. Aunque prometieron a los soldados británicos que no les harían daño si se rendían, los indios los mataron a todos. Aunque Rani afirmó que no había organizado el motín, los británicos siguieron pensando que ella era la responsable.

Solo cuatro días después, los rebeldes amenazaron a Rani y esta se vio obligada a darles suficiente dinero para asegurar su salida de Jhansi. Como todavía era la gobernante oficial, cumplió con su deber y notificó a las autoridades británicas lo que le había ocurrido. Confiando en sus buenas intenciones, la Compañía le otorgó el poder administrativo sobre Jhansi hasta la llegada del comandante británico que asumiría el gobierno.

Mientras tanto, uno de los sobrinos de su difunto marido pensó que había surgido la oportunidad de apoderarse de Jhansi, pero no esperaba que Rani fuera capaz de defender su reino. Ella reunió su ejército privado y dirigió personalmente la exitosa defensa. Sin embargo, resultó que el comandante británico no iba a venir. En secreto, la Compañía envió a los ejércitos de Orchha y Datia, sus aliados, para invadir Jhansi y repartirla entre ellos. Pero Rani estaba decidida a defender su reino una vez más, ya que desconocía los planes de la Compañía para anexionar Jhansi.

Los invasores fueron repelidos, ya que Rani era una buena líder y táctica. Mantuvo la paz en Jhansi durante los seis meses siguientes, a la espera de que los británicos enviaran a su comandante. Como no llegaban noticias, sus asesores la convencieron de que proclamara la independencia. Los británicos llegaron finalmente en marzo de 1858, pero la ciudad estaba bien defendida y no les permitió la entrada. Rani fue lo suficientemente inteligente como para gastar sus fondos en la apertura de una fundición, que producía cañones. Su ejército también se vio reforzado por los cipayos que habían abandonado sus puestos y querían unirse a la rebelión.

El comandante del ejército británico, Hugh Rose, exigió la rendición de la ciudad, amenazando con su destrucción si se rechazaba su orden. Pero Rani no se asustó y levantó la moral de su ejército con un discurso en el que confirmó sus intenciones de que Jhansi fuera independiente del dominio británico. El asedio a la ciudad comenzó el 23 de marzo de 1858. El bombardeo fue muy intenso, y ni siquiera la ayuda de Tatya Tope y sus 20.000 rebeldes fue suficiente para vencer a los británicos. Las murallas de la ciudad fueron traspasadas el 2 de abril, y una vez que los británicos entraron en la ciudad, comenzó la lucha en las calles. La valentía y la determinación de los indios fueron tales que en dos días los ejércitos británicos no fueron capaces de asegurar ni siquiera un distrito para ellos.

Sin embargo, Rani decidió que la resistencia en la ciudad era inútil y que sería más prudente que se uniera a las fuerzas de la resistencia principal de Nana Sahib y Tatya Tope. Durante la noche, Rani escapó de la ciudad con sus guardias y se unió a los demás líderes de la resistencia en Kalpi. El 22 de mayo, los británicos atacaron Kalpi y la propia Rani dirigió las fuerzas de la resistencia. Sin embargo, fue derrotada y se vio de nuevo obligada a huir. Esta vez la acompañaron los demás líderes de la rebelión y huyeron a Gwalior. Allí se unieron a las fuerzas indias que ocuparon el fuerte de Gwalior, y proclamaron a Nana Sahib como peshwa del renovado y libre Reino de Maratha. Rani estaba convencida de que los británicos les seguirían, y trató de persuadir a sus compañeros para que prepararan las defensas de Gwalior, pero no le hicieron caso. Rani tenía razón, ya que Sir Hugh Rose dirigió un ataque a la ciudad el 16 de junio.

Rani Lakshmibai trató de abandonar la zona, pero su camino fue bloqueado por los 8º Húsares Reales Irlandeses del Rey, que mataron a 5.000 de sus soldados. Según testigos presenciales, Rani llevaba el uniforme de un sowar (soldado de caballería) y se enfrentó a uno de los húsares en un combate cuerpo a cuerpo. Fue desmontada y herida. Sangrando, intentó matar al soldado disparándole con su arma, pero falló. El húsar se acercó a ella y la mató con su fusil.

Tatya Tope huyó a Rajputana una vez que Gwalior se perdió ante los británicos. Fue perseguido por muchos comandantes británicos, pero fue capaz de reunir grandes fuerzas de rebeldes allá donde iba. Incluso después de que la revuelta de 1857 fuera oficialmente sofocada por los británicos, Tatya Tope siguió resistiendo, luchando con sus fuerzas de guerrilla desde las selvas. Al final, él también fue capturado, juzgado y ejecutado en 1859.

Una vez que los británicos tomaron Gwalior, Sir Hugh Rose escribió un informe al mando británico, y en él describía a Rani como una de las líderes más bellas y peligrosas de todos los indios. También informó de su entierro con todas las ceremonias, y afirmó haber visto sus huesos y cenizas. En la India, Rani Lakshmibai es recordada como una de las mayores líderes de la rebelión. A los ojos de su nación, Rani vivió y murió por su país, y por ello se convirtió en uno de los mayores símbolos de la lucha contra el Raj británico.

El fin de la revuelta

Tras la captura de Bahadur Shah, el último emperador mogol, fue llevado a Delhi, donde fue juzgado. Su juicio duró más de cuarenta días, y más de veinte testigos se presentaron para afirmar que él era el principal líder de la rebelión. El viejo emperador afirmó que no tenía otra opción, ya que fue utilizado por los cipayos. El emperador, de 82 años, no fue capaz de proporcionar ningún liderazgo real a la rebelión, pero fue juzgado como el principal responsable de los acontecimientos de 1857. Fue declarado culpable y condenado al exilio en Birmania, ya que la Compañía no tenía poder para ejecutar a un emperador. El último emperador mogol murió en el exilio en 1862 a la edad de 87 años.

Tras el desastre de 1857, el gobierno de la Compañía en la India se consideró muy inadecuado y la corrupción aumentó en sus filas. En realidad, desde el año 1700, la Compañía de las Indias Orientales sirvió al gobierno británico para gobernar la India como parte no oficial del Imperio británico. Con la victoria sobre los rebeldes indios, los políticos británicos dejaron de apoyar el gobierno de la Compañía en la India y convencieron a la reina Victoria para que tomara el título de "emperatriz de la India". A través de la Compañía, el gobierno británico se insertó en el gobierno de la India, y se esperaba la abolición de la Compañía de las Indias Orientales.

El Parlamento británico aprobó la Ley del Gobierno de la India el 2 de agosto de 1858. Esta ley disolvió formalmente la Compañía y todas sus funciones se transfirieron a la Corona británica. Unos meses después, la reina Victoria proclamó que todos los habitantes de la India serían tratados como súbditos de la Corona británica. El gobierno británico mantuvo la burocracia de la Compañía de las Indias Orientales, pero dio un giro importante en cuanto al trato del pueblo indio. La nueva administración inició una reforma del gobierno indio en la que intentaron integrar a los nativos de castas superiores y a los ex gobernantes de los reinos anexionados en el propio gobierno. También pusieron fin a todos los intentos de occidentalizar la India, lo que significó el fin de la cristianización del continente. Se aprobó un decreto de tolerancia religiosa y se permitió a los indios volver a hacer el servicio militar.

El Raj británico era una construcción que tenía el propósito, al menos en parte, de preservar las tradiciones y la jerarquía social en la India. La Corona a menudo utilizaba esto como excusa para su dominio sobre la India. Se llevó a cabo una investigación que concluyó que los esfuerzos de la Compañía por introducir el libre mercado en la conservadora sociedad india sabotearon a los campesinos, que quedaron a merced de los comerciantes y los gobernantes locales.

Además, la Compañía no se comunicó con los gobernantes locales ni con la gente común. Según el gobierno británico, esta fue la principal razón por la que se produjeron las rebeliones. Para servir de intermediarios entre el gobierno británico y el pueblo, se creó una nueva clase media de indios. Debían ser educados en las nuevas universidades indias y tener puestos garantizados dentro del recién reorganizado gobierno indio.

Aunque la Compañía de las Indias Orientales ya no existía, no se puede negar el impacto que tuvo no solo en el subcontinente indio, sino en todo el Imperio británico. Los ingresos que la Compañía aportó a la Corona permitieron la expansión de la influencia británica por todo el mundo, y las consecuencias del dominio de la Compañía sobre la India fueron tanto positivas como negativas. Su mal trato a los nativos provocó las revueltas que inspiraron la lucha por la independencia de la India, pero la Compañía hizo posible que Gran Bretaña se convirtiera en líder de la Revolución Industrial, lo que, a su vez, aportó prestigio y autoridad a la Corona.

Aunque los británicos solían considerar la cultura india como incivilizada y salvaje, muchos individuos de ascendencia británica lucharon por preservarla y mantenerla viva entre el pueblo gobernado por una potencia extranjera. Por ejemplo, el primer gobernador general de la India, Warren Hastings, aprendió las lenguas pakistaní y urdu. Recogió antiguos manuscritos en sánscrito para preservarlos, e incluso contrató a lugareños para que tradujeran estos manuscritos al inglés y así poder ponerlos a disposición del mundo angloparlante.

Capítulo 3: El Gobierno de la Corona en la India

La Corona británica gobernó el subcontinente indio desde 1858, tras la disolución de la Compañía de las Indias Orientales, hasta 1947, cuando la India obtuvo su independencia. El gobierno de Gran Bretaña sobre la India es más conocido como el Raj británico. Tanto en sánscrito como en indostánico, "raj" significa gobierno o regla. Aunque la reina Victoria se proclamó emperatriz de la India en 1876, el dominio británico del subcontinente nunca recibió el nombre oficial de Imperio indio.

Es importante diferenciar entre lo que hoy llamamos India y la India británica. El Raj británico supervisaba la actual India, Pakistán y Bangladesh. Algunos lugares que ahora están bajo control indio eran antes colonias de otros países europeos, como Goa, que estaba bajo dominio portugués, y Pondicherry, que pertenecía a Francia. A medida que Gran Bretaña ganaba y perdía guerras, otros territorios se incluían o excluían del Raj británico, como Birmania, Somalilandia británica y Singapur.

El dominio de la Corona en la India se dividía en función del tipo de territorio. Había dos tipos: la India británica y los estados principescos. La India británica estaba bajo el dominio directo de los británicos, mientras que los estados principescos eran gobernados por los gobernantes nativos que estaban bajo la soberanía británica. Había más de 175 estados principescos, mientras que la India británica estaba dividida en provincias. La mayor diferencia entre las provincias y los estados principescos estaba en sus tribunales de justicia. Mientras que la India británica se basaba en las leyes que provenían del Parlamento británico y en el poder legislativo del gobernador de la India, algunos estados eran calificados como estados principescos, y seguían siendo gobernados por la realeza india. Los gobernantes de estos estados vasallos tenían diversos grados de libertad, según su tamaño e importancia. Independientemente de los aspectos del gobierno que administraban de forma independiente, las comunicaciones y la defensa estaban siempre bajo el control británico.

La reina Victoria utilizaba a menudo su título de emperatriz de la India en sus discursos y material propagandístico, e incluso creó dos órdenes de caballería especiales para la India: la superior, "Orden de la Estrella de la India", en 1861, y la inferior, "Orden del Imperio de la India", en 1878. La orden superior dejó de recibir nuevos nombramientos en 1947. El último miembro de la orden, el maharajá de Alwar, murió en 2009, y la orden quedó sin efecto. La orden menor dejó de existir con la muerte del maharajá de Dhrangadhra.

El Gobierno

Una vez finalizada la rebelión india de 1857, y tras el desmantelamiento de la Compañía, la Corona británica promulgó la Ley del Gobierno de la India. Esto condujo a una serie de cambios en la forma de gobernar el subcontinente a partir de ese momento.

En 1858 se abrió en Londres un departamento gubernamental conocido como la Oficina de la India. Era una rama ejecutiva del gobierno británico, junto al Ministerio de Asuntos Exteriores, la Oficina Colonial, el Ministerio del Interior y la Oficina de Guerra. El secretario de la India contaba con la ayuda del Consejo de la India, cuyos miembros eran elegidos en función de los años que habían servido en la India. No se permitía a ninguna persona formar parte del consejo si no había pasado al menos diez años en la India sirviendo a los intereses de la Corona. Los funcionarios que trabajaban en la Oficina de la India estaban organizados en departamentos, un sistema tomado directamente de la administración de la Compañía de las Indias Orientales. Todas las funciones ejecutivas de la Compañía fueron ahora transferidas al secretario de la India. Este se encargaba de la superintendencia, la dirección y el control de las administraciones provinciales del sur de Asia. Sin embargo, las decisiones tomadas por el secretario eran ejecutadas por los virreyes y gobernadores provinciales cuyos gabinetes estaban en la India. El gobierno británico mantenía un férreo control sobre el gobierno de la India; sin embargo, tras la Primera Guerra Mundial, ese control se relajó, permitiendo al gobierno local ejecutar su propia autoridad.

La Oficina de la India no gobernaba únicamente el Raj británico. De hecho, bajo su control estaban todos los territorios británicos de Asia, África y Oriente Medio. En diferentes periodos, también tomaría el control de las entidades políticas separadas de Bengala, Afganistán, Zanzíbar, Malaya, China, Japón y otras. También reguló los intereses de los emigrantes indios a las Indias Occidentales, África y Fiyi. En realidad, la Oficina de la India siguió siendo lo que fue la Compañía de las Indias Orientales. Sin embargo, en lugar de compartir con la Corona los beneficios que obtenía en las Indias Orientales, estaba completamente sometida a la Corona.

El secretario de la India era un ministro del gabinete británico y el responsable político directo del gobierno del Raj británico. Como los miembros de la Compañía de las Indias Orientales ya tenían la experiencia necesaria para gobernar la India, era natural que se les instalara como secretarios al servicio del nuevo cargo. Lord Edward Henry Stanley, que era el jefe de la junta de la Compañía, se hizo cargo de la Oficina de la India. Sin embargo, esta rama se dividió en dos departamentos en 1937. Uno se encargó de gobernar el Raj británico y el otro supervisó Adén (en el actual Yemen) y Birmania, aunque Lord Stanley mantuvo la autoridad sobre ambos departamentos. En total, 27 personas ocuparon el cargo de secretario de la India entre 1858 y 1947, año en que la India obtuvo la independencia y se suprimió la Oficina de la India. Al año siguiente, Birmania siguió los pasos de los indios y luchó por su independencia, con lo que su oficina en Londres quedó obsoleta.

La Compañía tenía una oficina de gobernador general en Calcuta, y cuando el Raj británico asumió el gobierno, este cargo se mantuvo. Sin embargo, el gobernador general era ahora responsable ante el secretario de la India y, a través de él, ante el Parlamento británico. Este sistema de doble gobierno, uno en Londres y otro en Calcuta, ya había existido bajo el dominio de la Compañía de las Indias Orientales, que tenía su Junta de Control en lugar de la Oficina de la India. Sin embargo, los años siguientes, que fueron los de la reconstrucción posterior a la revuelta, trajeron cambios en el gobierno de la India. Antes, el gobernador general debía consultar al consejo consultivo. En cambio, el virrey Lord Canning propuso que cada miembro del consejo se ocupara únicamente de las tareas que le fueran asignadas. La vía de toma de decisiones colectiva que la Compañía había tomado en el pasado era lenta e ineficaz. La creación de departamentos separados para cada uno de los consejeros permitió resolver con mayor rapidez los asuntos urgentes del Estado. Todas las tareas rutinarias del gobierno podían ser resueltas por los miembros del consejo, pero solo los asuntos importantes necesitaban la aprobación del gobernador general. Sin embargo, el Consejo

Ejecutivo seguía teniendo el derecho de decidir colectivamente qué hacer si el gobernador general estaba ausente. Esta innovación en el gobierno de la India se decretó en 1861 en la Ley de Consejos Indios.

El Consejo Ejecutivo podría ampliarse con la adición de un Consejo Legislativo si el gobierno de la India necesitara promulgar nuevas leyes. Se añadirían otros doce miembros, que solo serían nombrados por dos años. Seis de los nuevos miembros se elegían siempre entre los funcionarios británicos, y eran los que tenían derecho a voto a la hora de aprobar una nueva ley. Los otros seis eran de ascendencia india, y solo servían como asesores. Sin embargo, todas las leyes que el Consejo Legislativo quería aprobar necesitaban la aprobación final del secretario de la India en Londres.

Aunque los seis miembros de origen indio se añadieron como una forma de integrar a los lugareños en el gobierno de la India, siempre fueron elegidos de entre un pequeño grupo de leales de casta alta, y estaban lejos de ser los representantes de la voluntad del pueblo. Sin embargo, la verdadera intención de emplear a representantes indios en el gobierno era cambiar la opinión pública. Estos hombres debían ayudar a apaciguar las críticas al gobierno, tanto en la prensa india como en la británica, ya que sus artículos influían directamente en la opinión pública.

En 1937, el Consejo de la India fue abolido y sustituido por un consejo similar en Londres. Este consejo tenía entre ocho y doce miembros, y su tarea consistía en asesorar directamente al secretario de la India. Todos los miembros debían haber servido previamente en la India durante al menos diez años, y debían haber dejado sus cargos en la India como máximo dos años antes. El gobernador general tenía la tarea de representar los intereses de la Corona en las relaciones con los principados. Sin embargo, en 1937, esta tarea requirió un nuevo departamento, y se nombró un nuevo representante de la Corona. El Consejo Ejecutivo de la India también tuvo que ampliarse a catorce miembros en la época de la Segunda Guerra Mundial, y se fundaron varias oficinas nuevas.

El poder legislativo indio estaba formado por una cámara alta y una cámara baja que representaban al consejo de estado y a la asamblea legislativa, respectivamente. El jefe de la cámara alta era el gobernador general y el virrey, mientras que la asamblea de la cámara alta estaba dirigida por un presidente que sería elegido para ese cargo. El Consejo de Estado contaba con 58 miembros en total, mientras que la Asamblea Legislativa tenía 141 miembros. El presidente de la Asamblea Legislativa era nombrado por el virrey. Esta asamblea legislativa bicameral tenía el poder de elaborar leyes para todos los que residían en la India británica, sin importar si eran de ascendencia india o británica. Además, las leyes se aplicaban a los súbditos del Raj británico que vivían en otras colonias británicas o en la madre patria.

Con la Ley del Gobierno de la India de 1936 se crearon las nuevas provincias de Sid y Orissa. Un año más tarde, el Raj británico se dividió en diecisiete territorios administrativos, tres de los cuales eran las Presidencias de Madrás, Bombay y Bengala. Los otros catorce se conocían como las Provincias Unidas, e incluían las demás provincias, como Punjab, Bihar, las Provincias Centrales y Berar, Orissa, Sind y Delhi. Todos los Presidios y provincias estaban dirigidos por un gobernador, y todos tenían sus propias legislaturas. Cada gobernador era un representante de la Corona y estaba asistido por ministros que también eran miembros de las legislaturas provinciales. Todas las acciones de la legislatura provincial debían ser aprobadas por el gobernador. Las unidades administrativas básicas de las provincias se denominaban distritos y estaban dirigidas por un magistrado de distrito. En 1947, el Raj británico contaba con un total de 230 distritos.

Cambios introducidos por el Raj británico
Educación

Uno de los cambios más importantes que el Raj británico aportó a la India fue el de la educación. Thomas Macaulay, miembro del Consejo de la India, pasó cuatro años reformando la educación del subcontinente basándose en el modelo inglés. Fue el defensor del enfoque whig de la historiografía, que consideraba el pasado como la progresión hacia la libertad. Llevó a la India las ideas del Renacimiento europeo, como la Revolución Científica y la Ilustración. Macaulay se mostraba despectivo con la cultura india existente, ya que la consideraba inferior en comparación con la occidental. En su opinión, los indios eran una nación estancada que se había quedado muy atrás respecto a las ideas científicas y filosóficas europeas. Llamó a sus esfuerzos de reforma de la educación "misión civilizadora". Algunos estudiosos critican hoy la "misión" de Macaulay como excusa para que el gobierno británico cometiera actos de racismo, ya que el gobierno creía que los indios no eran capaces de progresar por sí mismos y que había que gobernarlos con puño de hierro. Sin embargo, otros estudiosos piensan que los británicos realmente creían que era su obligación moral llevar la ilustración a la India.

La Compañía de las Indias Orientales abrió universidades en Calcuta, Bombay y Madrás justo antes de la Rebelión de 1857. Sin embargo, no fue la Compañía quien abrió el primer centro educativo en la India. En 1542, los jesuitas europeos abrieron el Saint Paul's College en Goa, y también llevaron una imprenta al colegio para que los libros pudieran difundirse más fácilmente por todo el subcontinente. El debate sobre la lengua preferida en la que se impartirían las clases de las nuevas universidades existió desde el principio. Los orientalistas pensaban que las escuelas debían enseñar en lenguas indias, y sugerían el sánscrito clásico o el persa, que era la lengua de las cortes de Mughal. En el otro bando estaban los anglicistas, que querían introducir la lengua inglesa en todas las escuelas de la India, ya que la India moderna no tenía nada que enseñar a su pueblo.

Se promulgó la política de introducir la lengua inglesa en los sistemas educativos de las colonias británicas, que se conoce como macaulayismo, en honor a su más destacado defensor. Pero este sistema solo sirvió para crear otra capa en la sociedad india al introducir la clase de indios anglicistas, que no eran más que intermediarios culturales entre los británicos y los indios. El movimiento nacionalista de la India incluso culpa hoy en día a Thomas Macaulay de todos los males que trajo consigo la colonización y de la creación de una nueva clase resentida por su herencia, y creen firmemente que fue la forma en que los británicos impusieron el neocolonialismo en la India. Incluso hoy, la lengua inglesa se utiliza en las escuelas indias.

En 1911, el gobierno británico abrió casi 200 centros de enseñanza superior en toda la India. Matriculaban a 36.000 alumnos cada año, de los cuales el 90% eran hombres. Al terminar la universidad, los indios eran empleados en los servicios administrativos o como abogados. Esto hizo que la India tuviera una burocracia estatal profesional bien formada. Sin embargo, los principales nombramientos en la administración pública estaban siempre reservados a los británicos que asistían a Oxford o Cambridge. En 1939, el número de centros educativos se duplicó y el número de matrículas se disparó a 145.000 alumnos al año. Las universidades indias seguían el plan de estudios establecido por Oxford y Cambridge, lo que significaba que daban prioridad a la literatura inglesa y a la historia europea sobre la de la India.

Aunque el Raj británico abrió muchas escuelas en toda la India, la alfabetización creció muy lentamente. Al principio, el Raj británico solo permitía la educación superior a los indios de las castas altas. Además, todos los centros educativos se concentraban en las grandes ciudades, dejando de lado el campo. De hecho, antes del siglo XIX, las aldeas tenían sus propias instituciones educativas que enseñaban a sus hijos habilidades útiles, como la lectura y la escritura. Sin embargo, la Compañía destruyó este sistema con sus políticas de control de la tierra, y la estructura de las aldeas se derrumbó. La India no experimentó un aumento de la alfabetización hasta que alcanzó la independencia en 1947. En los tiempos modernos, especialmente en el periodo comprendido entre 1991 y 2001, la alfabetización en el subcontinente se disparó.

Agricultura e industria

Algunos críticos del dominio británico de la India argumentan que la Corona no era más que una extensión de la Compañía de las Indias Orientales y que todo lo que los británicos hacían en el territorio del continente era para su propio beneficio. Aunque esto fuera cierto, trajo beneficios a la India, ya que su PIB (producto interior bruto) se elevó al 57%, lo que era mucho mejor que el 27% conseguido por la Compañía. Sin embargo, la población india crecía continuamente y el crecimiento económico no era suficiente para impulsar la industria por sí sola, por lo que había que realizar algunas inversiones. Para producir más, había que reforzar la agricultura india con una red de sistemas de riego, mejorar el transporte de mercancías y hacer crecer las industrias indias.

En cuanto a la agricultura, los británicos insistieron en plantar productos para la exportación en lugar de alimentos. Muchos campos se convirtieron de la producción de alimentos al yute (un tipo de fibra como el cáñamo), el algodón, la caña de azúcar, el café, el té y el opio. Esta conversión de los campos de cultivo de alimentos en la producción de materias primas, junto con el clima impredecible del subcontinente indio, dio lugar a grandes hambrunas. Sin embargo, estos bienes exportables fueron los que más influyeron en el crecimiento del PIB nacional. La demanda de materias primas indias era grande, no solo para la industria de exportación, sino también para la industria nacional. La India aún no tenía competencia en la industria textil, ya que producía los materiales de mayor calidad, que siempre eran muy demandados. Pronto, los británicos se dieron cuenta de que tendrían que ampliar los territorios agrícolas. Pero para convertir el territorio en un campo fértil, necesitaban invertir en sistemas de riego.

En 1940, el Raj británico había construido muchos canales y sistemas de riego en Uttar Pradesh, Bihar, Punjab y Orissa. Muchos de estos canales ya existían gracias a las inversiones del Imperio mogol, pero estaban mal mantenidos y necesitaban una modernización. Los británicos ampliaron el canal del Ganges, y este irrigó el territorio de más de 563 kilómetros. En Assam, los británicos desbrozaron una selva que ocupaba el territorio de 1,62 hectáreas (4 acres), y la convirtieron en plantaciones, principalmente para la producción de té.

Muchos de los sistemas de riego que los británicos pusieron en marcha servían para regar las plantaciones de adormidera necesarias para la producción de opio, que se vendía sobre todo en China. Las regiones oriental y septentrional de la India, concretamente las provincias de Behar, Rewa y Awadh, se convirtieron en plantaciones de adormidera. En 1850, la Compañía de las Indias Orientales tenía explotaciones de adormidera que ocupaban unos 1.000 kilómetros cuadrados (unas 386 millas cuadradas). En 1900, el Raj británico había duplicado esa cifra.

Además de los canales y sistemas de riego, el Raj británico invirtió mucho en ferrocarriles. A finales del siglo XIX se construyó un moderno sistema ferroviario de gran calidad. Además, era el cuarto sistema ferroviario más grande del mundo. El valor de los ferrocarriles residía en la agricultura, el ejército y la industria. El elaborado sistema ferroviario garantizaba el paso seguro y rápido de las materias primas a las fábricas o a los puertos, donde se enviaban las mercancías. Los militares utilizaban el ferrocarril para el transporte rápido de tropas y el traslado de máquinas de asedio, armas y material de construcción necesario para las guarniciones organizadas.

La financiación del sistema ferroviario de la India procedía de empresas privadas británicas, por lo que, en un principio, se garantizaba la propiedad privada del ferrocarril. La Compañía construyó por primera vez el ferrocarril en 1832, y fue conocido como el Ferrocarril Red Hill. El Raj británico amplió esta red desde los 32 kilómetros (casi 20 millas) iniciales hasta los 1.349 kilómetros (algo más de 838 millas) en 1860. En 1900, la red ferroviaria había crecido hasta ocupar un territorio enorme. Durante el Raj británico, la mayor parte de la construcción del ferrocarril corrió a cargo de empresas indias, pero las obras fueron supervisadas por ingenieros británicos.

Tanto la Primera como la Segunda Guerra Mundial paralizaron a las empresas ferroviarias indias, ya que sus líneas de producción se convirtieron en fábricas de municiones. Un gran número de trenes fueron enviados a otras colonias, en función de sus necesidades. Sin suficientes trabajadores e instalaciones para producir tanto municiones como ferrocarriles, las vías de algunas partes de la India fueron desmanteladas y enviadas a Oriente Medio. Se interrumpió el mantenimiento de las vías férreas, que se deterioraron rápidamente.

Capítulo 4: Las hambrunas de la India

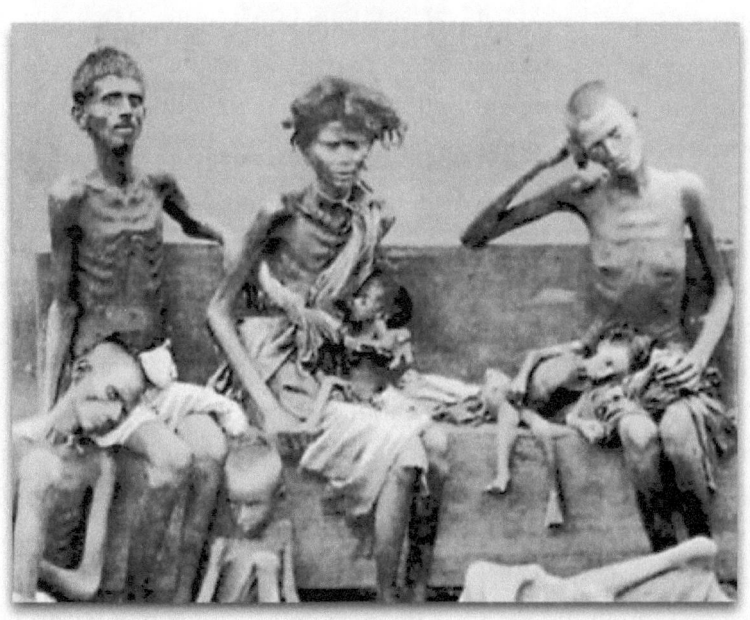

Víctimas de la hambruna de 1876-1878
https://en.wikipedia.org/wiki/File:India-famine-family-crop-420.jpg

Las hambrunas en la India son algo recurrente, y asolaron el subcontinente mucho antes de la llegada de los británicos. Sin embargo, algunas de las hambrunas más notorias se produjeron durante el dominio británico, tanto bajo la Compañía de las Indias Orientales como bajo el Raj británico. En el periodo comprendido entre el siglo XVIII y principios del XX, unos sesenta millones de personas murieron de hambre. Se cree que las hambrunas tuvieron tal impacto en la población de la India que causaron directamente el crecimiento demográfico a largo plazo en el subcontinente.

En la India, para tener una buena cosecha, la gente tenía que confiar en los monzones de verano, ya que eran los responsables de llenar los canales para el riego con el agua tan necesaria. Pero las sequías no fueron el único factor en las grandes hambrunas de la India. Las políticas del Raj británico contribuyeron a las peores hambrunas que ha sufrido el subcontinente indio. Muchos críticos contemporáneos y modernos culpan a la inactividad del gobierno británico de la muerte de millones de personas durante las diversas hambrunas que se produjeron entre 1770 y 1943.

El Raj británico adoptó algunas de las políticas desarrolladas por la Compañía de las Indias Orientales, pero se introdujeron muchas más bajo el gobierno de la Corona en la India. Los nuevos gravámenes de guerra, los impuestos sobre las rentas, el énfasis en la exportación de productos agrícolas a expensas de la producción de alimentos y el descuido general de las inversiones agrícolas son algunos de los factores que influyeron directamente en la gravedad de las hambrunas en la India. Como ya se ha dicho, la economía británica dependía de los productos indios, como el arroz, el índigo, el algodón, el yute y el opio. Para aumentar la producción de los bienes exportados, se desplazaron millones de acres de tierra que se habían utilizado para la subsistencia doméstica, dejando a los indios vulnerables a la escasez de alimentos.

En 1866 se produjo una hambruna en Odisha, y desde allí se extendió a Madrás, Hyderabad y Mysore, matando a más de un tercio de la población. Alrededor de 1.500 niños quedaron huérfanos, y los británicos ofrecieron tres rupias al mes a las personas que los acogieran. Al año siguiente, se produjo una hambruna en Rajastán, seguida de Bengala (1873-1874), Decán (1876-1878), y de nuevo en Madrás, Hyderabad, Mysore y Bombay (1876-1878). La hambruna obligó a los habitantes de estas zonas afectadas a emigrar a las que aún no habían sufrido el impacto. Sin embargo, el aumento del número de personas provocaría el estallido de otra hambruna, ya que simplemente no había suficientes alimentos para mantenerlos a todos.

Las hambrunas fueron seguidas de controversias y debates políticos, que condujeron a la fundación de la Comisión de Hambrunas de la India, que posteriormente emitiría el Código de la Hambruna de la India. El código se elaboró en la década de 1880 tras una amplia investigación realizada después de la Gran Hambruna de 1876-78. El Código era una escala de hambruna, con tres niveles definidos de inseguridad alimentaria: casi escasez, escasez y hambruna. Si las cosechas fallaban durante más de tres años seguidos, se proclamaba un nivel de inseguridad alimentaria de escasez. La hambruna se definía tanto por la pérdida de cosechas como por el aumento de los precios de los alimentos hasta un 140% por encima de la media. El nivel de hambruna también incluía la migración de personas por falta de alimentos y el aumento del número de muertos. Los Códigos de la Hambruna de la India se establecieron para predecir las próximas hambrunas y, por tanto, prevenirlas. Algunas de las políticas de los Códigos de la Hambruna incluían el racionamiento de alimentos y el control del mercado de alimentos durante un posible brote.

En 1880, la Comisión de la Hambruna llegó a la conclusión de que cada provincia del Raj británico tenía un excedente de cereales alimentarios. El excedente anual, sumado, era de 5,16 millones de toneladas métricas. Teniendo esto en cuenta, la Comisión elaboró una serie de políticas que regularían la respuesta del gobierno ante futuras hambrunas. Sin embargo, el virrey gobernante del Raj británico, Lord Robert Bulwer-Lytton, se opuso a cualquier esfuerzo por aliviar la hambruna en la India, ya que creía que los trabajadores indios dejarían de cumplir con sus obligaciones, lo que, al final, provocaría la quiebra de la India. Se oponía terminantemente a que el gobierno se inmiscuyera en la reducción de los precios de los alimentos, e incluso ordenó a las oficinas de distrito que desalentaran y desbarataran cualquier obra de socorro que pudiera realizarse. Se refirió a las hambrunas de la India con desprecio, diciendo: "La mera angustia no es razón suficiente para abrir una obra de socorro".

Anteriormente, en 1874, había estallado una hambruna en Bengala, y Sir Richard Temple, el teniente-gobernador de la región, intervino con éxito. La tasa de mortalidad de esta hambruna fue muy baja, pero Sir Temple fue muy criticado por otros funcionarios británicos por gastar demasiado dinero en el alivio de la hambruna. Cuando Madrás comenzó a verse afectada por una nueva hambruna solo dos años después, Lord Lytton no hizo nada para ayudar a aliviar la situación. Esto provocó alrededor de cinco millones y medio de muertes, y finalmente se convenció a Lytton para que introdujera una política en la que el excedente financiero se gastara en esfuerzos de socorro. Aunque la medida era bastante laxa, los funcionarios británicos se mostraron satisfechos y todos la cumplieron. Como era de prever, estalló otra hambruna, esta vez en 1896, y las medidas no fueron suficientes para ayudar a la sufrida población, ya que unos 4,5 millones de personas murieron de hambre. Por desgracia, fue como si los gobernantes británicos no hubieran aprendido nada. George Curzon, virrey de la India entre 1899 y 1905, siguió criticando los planes de ayuda y consideró que las raciones eran demasiado elevadas. Sus acciones condujeron directamente a la muerte de millones de personas, con algunas estimaciones de hasta diez millones.

La amenaza de hambruna fue constante en la India hasta 1902. No hubo grandes brotes de hambruna en la India hasta 1943, que fue cuando se produjo una de las hambrunas más devastadoras en Bengala. Se cobró entre 2,5 y 3 millones de vidas. La Comisión de la Hambruna determinó que la causa de la hambruna era la falta de empleo para los trabajadores agrícolas. Por lo tanto, se creó una estrategia para encontrar trabajo para estas personas. Los Códigos de la Hambruna de la India se utilizaron incluso después de la independencia de los indios, y se aprendieron aún más lecciones durante la hambruna de 1966-67. El gobierno indio actualizó los códigos y los rebautizó como Manuales de la Escasez, que se siguen utilizando hoy en día.

Una de las críticas a la gestión gubernamental de las hambrunas en la India provino de una famosa enfermera británica, Florence Nightingale, que señaló que no era la falta de alimentos en una zona geográfica concreta lo que causaba la hambruna, sino la falta de transporte. Ella achacó el inadecuado transporte de alimentos a la ausencia total de una estructura política y social en la India. Fue más allá al identificar dos tipos de hambruna: una de grano y otra de dinero. La primera estaba causada por las malas cosechas, pero la otra se debía a las decisiones que tomaba el gobierno británico mientras gobernaba la India.

Al fin y al cabo, los británicos habían destruido la estructura de un pueblo tradicional en la India. Toda la tierra era ahora propiedad de los magnates, y los campesinos tenían que alquilar la tierra que trabajaban. Esto drenaba el dinero de los campesinos para llenar los bolsillos de los terratenientes, y hacía imposible que los campesinos pudieran comprar alimentos. Además, el dinero que debería haberse utilizado para producir alimentos se utilizaba para otros fines. Nightingale señaló que el Raj británico gastaba demasiado dinero en el ejército, y que ese mismo dinero debía destinarse a la producción de alimentos.

La misma opinión fue expresada más tarde por Amartya Sen, Premio Nobel de Ciencias Económicas en 1998. También él criticó al gobierno británico de la India, culpándole del inadecuado transporte de alimentos desde las zonas no afectadas a las que sufrían la hambruna. Pero no fue solo la distribución de alimentos lo que falló durante las hambrunas de la década de 1870. La incorporación del grano al mercado de cereales mediante el uso de ferrocarriles y telégrafos fue casi inexistente. Los ferrocarriles ya existían y se gestionaban bien, pero en lugar de que el gobierno los utilizara para distribuir los alimentos a las zonas afectadas, los utilizaban los comerciantes, que transportaban su grano a las instalaciones, lo que les permitía acaparar los envíos. Las líneas telegráficas no se utilizaron para comunicar la reducción de los precios del grano en el mercado. Por el contrario, se utilizaron para coordinar la subida de precios, haciendo que los alimentos no estuvieran disponibles para los trabajadores de las castas bajas.

Solo después de los Códigos de la Hambruna de la India de 1880 se empezó a utilizar el ferrocarril para transportar los excedentes de alimentos de una zona no afectada a otra que sufría la hambruna. La Comisión de la Hambruna también instó al gobierno a ampliar el sistema ferroviario hacia el interior. Hasta ese momento, el principal sistema ferroviario se concentraba en torno a importantes ciudades portuarias que se utilizaban para la exportación de mercancías. Las nuevas líneas se construyeron y sirvieron para que los alimentos llegaran a todas las regiones afectadas por la hambruna. Sin embargo, aunque los ferrocarriles aseguraban que los alimentos llegaran a las zonas afectadas por la hambruna, no podían asegurar que las personas hambrientas pudieran realmente comprarlos. La Comisión de la Hambruna dependía de los esfuerzos de ayuda a la hambruna proporcionados por el gobierno y no hizo mucho para asegurar los precios accesibles de los alimentos en el mercado.

El sistema ferroviario de la India también sirvió para transportar a las personas de las zonas afectadas, a veces incluso para transportarlas fuera de la India. Las migraciones, junto con los esfuerzos de ayuda a la hambruna, fueron suficientes para suavizar el golpe de una escasez de alimentos a mediana escala. Sin embargo, la migración trajo nuevos problemas. La hambruna debilita la respuesta inmunitaria de una persona, y muchas enfermedades, como el cólera, la malaria, la disentería y la viruela, se cobraron más vidas que la propia hambruna. Al emigrar en busca de alimentos, la gente llevaba estas enfermedades a otras zonas, provocando una epidemia. Solo después de obtener su independencia, la India incluyó la lucha contra las enfermedades infecciosas en los Manuales de la Escasez.

La Gran Hambruna de 1876-78

La Hambruna de Madrás en 1877

https://en.wikipedia.org/wiki/Famine_in_India#/media/
File:Madras_famine_1877.jpg

En 1876, se produjo una gran hambruna al fracasar las cosechas en la meseta del Decán. La causa de esta hambruna se encuentra en la sequía especialmente larga que se produjo debido a la interacción entre El Niño y el dipolo del océano Índico, que es cuando la parte occidental del océano Índico tiene temperaturas superficiales más altas que su parte oriental. El resultado de este fenómeno meteorológico fue una sequía generalizada, no solo en la India, sino también en ciertas zonas de China, Sudamérica y África. Como consecuencia de la sequía, se produjo una hambruna en la que murieron entre diecinueve y cincuenta millones de personas.

En la India, la hambruna fue grave sobre todo porque el Raj británico decidió continuar con la exportación de grano como si no pasara nada. Se tiene constancia de que durante los dos años de la Gran Hambruna se exportaron 320.000 toneladas de trigo solo a Inglaterra. El virrey que decidió continuar con la exportación fue, como se puede sospechar, Lord Robert Bulwer-Lytton. Su mandato como virrey fue considerado en gran medida como muy productivo, por lo que el público a menudo hizo oídos sordos a su despiadada gestión de la Gran Hambruna, así como de la segunda guerra anglo-afgana (1878-1880).

Durante la hambruna de Bihar (1873-1874), se evitó un elevado número de muertes gracias al arroz importado de Birmania. Sin embargo, el gobierno no estaba satisfecho con los elevados gastos del socorro de la hambruna, y se decidió que el Raj británico debía reducir sus gastos en bienestar. El teniente-gobernador de Bengala, Sir Richard Temple, fue el responsable de la decisión de importar arroz, y durante la Gran Hambruna ocupó el cargo de comisionado de la hambruna para el gobierno de la India. Pero como Temple había recibido previamente fuertes críticas por sus gastos en la ayuda a la hambruna, se mostró reacio a hacer algo con respecto a la hambruna de 1876. Durante la Gran Hambruna, Temple insistió en que el gobierno no debía inmiscuirse en las transacciones realizadas por particulares, y también puso en práctica estrictas normas para poder recibir ayuda durante la hambruna. Según sus normas, solo los niños muy pequeños, los extremadamente pobres y los ancianos eran elegibles para recibir caridad durante la hambruna, mientras que todos los demás debían recibir "trabajos de socorro". El trabajo para los hombres, mujeres y niños sanos a menudo significaba el traslado a las zonas donde más se necesitaba mano de obra.

Las medidas que el gobierno británico emprendió para aliviar a la India de la Gran Hambruna no fueron suficientes. De hecho, fueron tan estrictas e inadecuadas que inspiraron protestas en Bombay. A los que se les dio "trabajo de socorro" se les pagó menos, y se les destinó a los campos de socorro cerca de Madrás y Bombay, viviendo en condiciones muy pobres. El pago de los trabajadores de socorro solía venir en forma de comida, que habría sido apreciada durante la hambruna si no hubiera consistido en una sola libra de grano y nada más. Las mujeres y los niños recibían incluso menos. Si había dinero para los pagos durante la hambruna, los hombres ganaban un dieciseisavo de rupia, y las mujeres y los niños ganaban menos.

Algunas personas del gobierno británico de la India se opusieron a estos bajos salarios por el "trabajo de socorro", y exigieron que se aumentaran las raciones y que se incluyera algún tipo de proteína y vitaminas en la comida, ya fuera carne o verduras. Sin embargo, el razonamiento detrás de los bajos salarios era la creencia de que cualquier caridad excesiva llevaría al pueblo indio a depender demasiado de la ayuda del gobierno y que la productividad de los trabajadores caería.

Sin embargo, la presión de la oposición hizo que se aumentara el socorro y que se añadieran proteínas a las raciones. Pero estas nuevas medidas no se aplicaron hasta marzo de 1877, lo que llegó demasiado tarde para las numerosas personas que ya habían muerto de hambre. El hecho de que esta ayuda gubernamental llegara demasiado tarde también está respaldado por las estadísticas, que atestiguan que, durante el segundo año de la Gran Hambruna, murieron más personas por la pandemia de malaria que por el hambre en sí. A pesar de que un año antes el comisario de la hambruna había proclamado que esta estaba controlada, la gente siguió sufriendo y muriendo a lo largo de 1878, ya fuera directamente por el hambre o por las consecuencias de la desnutrición.

La hambruna de Bengala de 1943

La provincia de Bengala es principalmente agrícola, siendo el arroz el cultivo más importante. De hecho, la tierra de la provincia de Bengala está cubierta de campos que producen un tercio del arroz que viene de la India. El 80% de la tierra cultivable está cubierta de campos de arroz, que es también el principal alimento de esta región, junto al pescado. Sin embargo, Bengala, rica en arroz, se estancó continuamente en la producción de alimentos mientras su población crecía. Muy pronto, no había suficientes alimentos tanto para la exportación como para los lugareños. Por si fuera poco, las cosechas fracasaron en 1942, durante el apogeo de la Segunda Guerra Mundial.

Según el censo de 1941, en Bengala vivían aproximadamente sesenta millones de personas. El crecimiento de la población se debe en gran medida a la mejora del nivel de vida y de la asistencia sanitaria, que redujo la tasa de mortalidad. Y aunque los habitantes de Bengala eran en su mayoría agricultores, producían la menor cantidad de alimentos del mundo. Esto se debe a la escasa inversión del gobierno en la zona; así, los bengalíes se veían obligados a utilizar equipos agrícolas poco desarrollados y los antiguos métodos de trabajo de la tierra. Por supuesto, el gobierno ofrecía varios tipos de crédito a las personas que poseían la tierra o que la alquilaban; sin embargo, ningún campesino podía permitirse un préstamo estatal que le ayudara a desarrollar su producción.

Con el aumento de la población en Bengala, surgió la necesidad de más tierra cultivable. Para adquirir nuevas tierras para la producción de alimentos, hubo que talar grandes bosques. Esto provocó la desecación del suelo, ya que se interrumpieron los canales naturales que lo abastecían de agua. Hubo que construir nuevos canales para sustituir a los naturales y trasladar caudales enteros de los ríos. Pero el gobierno no estaba tan interesado en invertir en la región como en explotarla. Algunos proyectos de deforestación acabaron abandonados, y no se pudo satisfacer la demanda de alimentos.

En 1930, la región bengalí había pasado de ser uno de los mayores exportadores de arroz a una región que necesitaba importar alimentos para mantener a su población. Además de la escasez de alimentos, hay pruebas de que los bengalíes comían los alimentos menos nutritivos de la India. La población comía sobre todo arroz, que en aquella época no estaba enriquecido con macronutrientes como hoy. El resultado era una población desnutrida que a menudo sufría diversas enfermedades infecciosas debido a la débil respuesta inmunitaria de su organismo.

Hay un factor más que influyó no solo en el inicio de la hambruna de Bengala, sino también en los esfuerzos de su alivio. En la región de Bengala se construyó el ferrocarril en 1890, pero esa misma construcción provocó un cambio en el caudal de los ríos. En la década de 1940, las zonas que deberían haberse inundado de forma natural se secaron, y los campos que deberían haber estado secos experimentaron un exceso de agua. El cambio de los caudales de los ríos y la interrupción de los sistemas de riego debido a la construcción del ferrocarril provocaron la pérdida de las cosechas. Sin embargo, el nuevo ferrocarril se utilizó principalmente para fines militares y no tanto para el transporte de alimentos. Las carreteras bengalíes estaban en mal estado, ya que su mantenimiento era deficiente, y el Raj británico dependía principalmente del transporte fluvial para suministrar a Bengala los alimentos que tanto necesitaba. Sin embargo, los ríos se interrumpieron demasiado y los alimentos no pudieron llegar a todas las zonas afectadas por la escasez de alimentos. Además, las zonas recién inundadas eran un terreno especialmente fértil para las enfermedades infecciosas transmitidas por el agua, como el cólera y la malaria, lo que debilitó aún más a la población de Bengala.

La población de Bengala, ya acrecentada, estaba al borde del desastre económico cuando los japoneses invadieron Birmania en 1942. Muchas personas que huían de la guerra llegaron a Bengala como refugiados, lo que supuso una presión adicional para la agricultura y la economía de la región. Desgraciadamente, los refugiados birmanos trajeron consigo enfermedades como la viruela y la disentería, que causaron miles de muertes. Ahora, la población, ya hambrienta, se enfrentaba también a la escasez de medicamentos.

Una vez que Japón invadió Birmania, la provincia de Bengala se convirtió en la primera línea de defensa. El territorio se inundó de convoyes militares, y la mano de obra no cualificada de los bengalíes se utilizó a menudo para construir aeropuertos para las fuerzas aliadas que luchaban en la Segunda Guerra Mundial. Las necesidades militares tensaron aún más la economía de la provincia, no solo por el gran número de soldados que acudían y necesitaban alimentarse, sino también porque los lugareños eran a menudo desplazados de sus tierras para trabajar en las obras militares. A menudo se compraban sus tierras por pequeñas cantidades de dinero para poder utilizarlas en campamentos militares, bases y aeropuertos. Esto significaba que una provincia que apenas tenía suficientes alimentos para mantenerse perdía ahora la tierra que los producía. La necesidad de importar era cada vez mayor, pero no había dinero para comprar alimentos importados, y tampoco había medios de transporte rápidos y seguros para esos alimentos.

La provincia de Bengala ya se enfrentaba a la hambruna cuando, en 1942, el gobierno tomó una serie de decisiones que provocarían directamente millones de muertes. Se instauró la llamada "política de negación" para negar los excedentes de las cosechas en ciertas provincias para que los japoneses no pudieran tomarlos. En lugar de distribuir los excedentes de las cosechas a las regiones que sufrían hambrunas, se ordenó su destrucción. Las investigaciones posteriores demostraron que esta política aumentó la corrupción. La cantidad de alimentos confiscados como excedentes era mucho mayor de lo que debería haber sido, y en lugar de ser destruidos como se ordenaba, se exportaban y vendían a un precio mucho mayor. Otra "política de negación" restringía el tamaño de los barcos que podían navegar por los ríos bengalíes. Cualquier barco que pudiera transportar más de diez personas era destruido. Esto significaba que a los barcos que hubieran podido transportar alimentos se les negaba el acceso a los ríos bengalíes o simplemente eran destruidos por miedo a los invasores japoneses.

Sin embargo, a nivel local, el gobierno provincial comenzó a abrir las cocinas de *gruel*. Al principio, no sabían cómo reaccionar y retrasaron la ayuda a los ciudadanos afectados por la hambruna. En agosto de 1943 comenzó la distribución de *gruel*, pero no tenían suficiente valor nutritivo para la supervivencia. Los granos que se servían como alimento eran a menudo demasiado viejos, estaban enmohecidos y contaminados con agentes patógenos que solo provocaban el aumento de nuevas enfermedades. No obstante, estas cocinas de *gruel* ofrecían algo de esperanza y ganaban tiempo para que el gobierno reaccionara. Varios grupos nacionales e internacionales, como comunistas, grupos de mujeres, gremios de comerciantes y grupos de ciudadanos, enviaron donaciones de alimentos, dinero y ropa. Sin embargo, no fueron suficientes. Finalmente, en octubre de 1943, el nuevo virrey de Bengala, Archibald Wavell, trajo enviados militares que trabajaron incansablemente en la reparación de las vías férreas y en la distribución de los alimentos a todas las partes de Bengala, por remotas que fueran. Los alimentos fueron traídos desde el Punjab, que también envió equipos de ayuda médica. Así comenzó la curación de Bengala. La siguiente temporada, Bengala tuvo la mayor cosecha de arroz jamás obtenida. Pero no había suficientes supervivientes para recoger la cosecha, y los soldados tuvieron que ofrecer su ayuda una vez más. Pero el trabajo estaba lejos de terminar. El virrey Wavell tenía mucho que hacer para evitar que los ciudadanos de Bengala pasaran por el mismo sufrimiento en el futuro. Tomó varias decisiones políticas que presionaron a Gran Bretaña para aumentar la importación de alimentos a la India. En enero de 1944, la hambruna en Bengala había terminado oficialmente.

Capítulo 5: El nacionalismo en la India

El Congreso Nacional Indio

Para justificar su gobierno de la India, Gran Bretaña creó una nueva clase media de indios bien educados, cuyo empleo en el gobierno aseguraba las opiniones prooccidentales y probritánicas de la población india local. Asistían a las escuelas abiertas por el gobierno británico y estaban deseosos de participar en la política con el objetivo de modernizar la legislación, la economía y la sociedad indias. Tras la rebelión india de 1857, y a lo largo de las décadas de 1860 y 1870, la conciencia nacional de la clase media india educada creció. Finalmente culminó en 1885 con la fundación del Congreso Nacional Indio.

Sin embargo, los indios educados eran muy conscientes de que estaban bajo dominio extranjero y que necesitaban la ayuda de los funcionarios británicos para ser escuchados. Por suerte, tenían de su lado a un funcionario británico retirado llamado Allan Octavian Hume. Juntos crearon una Unión Nacional India, que trabajaría conjuntamente con el gobierno británico. La Unión tenía la tarea de ser un mediador entre el gobierno británico y el pueblo indio. Eran los que se aseguraban de que el gobierno escuchara la opinión del pueblo. Ante la proximidad de las elecciones generales británicas de 1885, la Unión Nacional India pidió al pueblo británico que diera su voto a los candidatos que mejor expresaran sus preocupaciones sobre la posición social y política de los indios. Animaron a la población a votar en contra de la imposición de impuestos a los indios para financiar las guerras británicas, y dieron su apoyo abierto a las reformas legislativas en la India. Sin embargo, el movimiento de la Unión Nacional India fue un completo fracaso. La nueva clase media india se dio cuenta finalmente de que no podía esperar la ayuda de los funcionarios británicos y que tenía que librar sus batallas políticas en solitario.

Así, el 28 de diciembre de 1885 se formó el Congreso Nacional Indio. Hume siguió siendo partidario del movimiento, que ahora se había convertido en un partido político, y asumió el cargo de secretario general. El primer presidente del partido fue Womesh Chunder Bonnerjee, un abogado de Calcuta. A la primera sesión del nuevo partido político asistieron 72 delegados, entre los que solo había dos miembros británicos y el resto eran indios.

El Congreso Nacional Indio no fue el primer esfuerzo nacionalista del pueblo indio por tener voz en la política del gobierno británico. Hubo muchos movimientos anteriores a la creación del partido político, pero todos ellos carecían de reconocimiento. Estas campañas nacionalistas habían estado en su mayoría activas en la escena política de la India desde 1875. Por ejemplo, los indios protestaron contra las importaciones de algodón, ya que querían que la industria textil permaneciera completamente en la India. En los años 1877 y 1878 se exigió la indianización de los servicios gubernamentales, así como la oposición a los esfuerzos británicos en Afganistán. Muchos periódicos indios apoyaron los movimientos nacionalistas. En 1883, el *Indian Mirror* de Calcuta comenzó su campaña continua de promoción de la necesidad de una entidad política totalmente india en el gobierno. Esta campaña duró hasta 1885, cuando se fundó el Congreso Nacional Indio.

Una de las primeras dificultades a las que se enfrentó el Congreso Nacional Indio fue el hecho de que los indios no tenían el mismo tipo de unidad que se observa generalmente en otras naciones del mundo. Esto se debe a que la India nunca fue realmente una nación; era un mero término geográfico para los territorios del subcontinente. Había que unir a los indios y darles una identidad nacional. Eran una nación en ciernes, un congreso de cientos de razas, culturas y castas diferentes. El objetivo final del Congreso Nacional Indio era la modernización de la sociedad india. Sin embargo, modernización no equivale a occidentalización. Aunque la nueva clase media de la India era prooccidental y tenía una mentalidad británica, era muy consciente de que la India no formaba parte del mundo occidental.

Sin embargo, esta actitud del Congreso Nacional Indio suscitó la crítica negativa de algunos de los principales grupos religiosos de la India. Los musulmanes, los hindúes tradicionales y algunas religiones practicadas por la minoría consideraban la modernización de la India como una ruptura con la tradición y los "buenos tiempos". El pasado se consideraba a menudo como la edad de oro del subcontinente indio, y cualquier intento de modernización se consideraba como una occidentalización y la promoción de la cultura británica.

Como la India no era (y sigue sin serlo) un país homogéneo, la estructura política del gobierno y los métodos utilizados para llegar a él tenían que ser diferentes. En la sesión de 1888, el Congreso Nacional Indio estableció la norma de no aprobar ninguna resolución a la que se opusiera una abrumadora mayoría de delegados hindúes o musulmanes. Esta norma fue un intento de llegar a las minorías culturales y religiosas de la India. En 1889, el Congreso Nacional Indio añadió una cláusula sobre las minorías a la resolución en la que exigían una reforma legislativa. La cláusula establecía que el porcentaje de parsis, cristianos, musulmanes o hindúes elegidos para el consejo legislativo no debía ser inferior a su proporción en la población.

El Congreso Nacional Indio creó un programa político común para todos los indios. Esto significaba que solo lucharían por los derechos y los problemas que eran comunes a la población india nativa. Los líderes del partido político comprendieron que la India era un subcontinente multicultural y que sería una batalla imposible si luchaban por reformas sociales que complacieran a todos los grupos y subgrupos culturales que existían en la India. Por ello, el Congreso Nacional Indio centró su programa político en los derechos civiles, la administración y la economía de la India y su influencia en los pueblos indígenas del subcontinente.

El Congreso Nacional Indio estaba formado por la clase media culta de la India y tenía una actitud elitista. Los líderes y miembros del partido político solían estar demasiado preocupados por cómo serían aceptados en el gobierno británico que nunca se molestaron en dar a conocer su existencia a la gente común de la India. La agenda política del partido también estaba demasiado preocupada por cuestiones políticas más mundanas, como el número de representantes indios en el Parlamento británico y la libertad de expresión de los políticos indios. Aunque estas cuestiones eran sin duda importantes, deberían haberse abordado primero otros temas más urgentes, que afectaban a todo el mundo en la India, como el sistema sanitario, la pobreza y la opresión social que sufrían los indios bajo el Raj británico.

El movimiento Swadeshi

En 1905, el gobierno británico decidió dividir Bengala para aumentar la eficacia de su administración. Bengala era la mayor provincia de la India y, en ese momento, contaba con más de 78 millones de habitantes. La división separó las partes oriental y occidental de Bengala, pero no fue solo una división territorial. Los musulmanes del este estaban ahora separados de sus compatriotas hindúes del oeste. Con el movimiento nacionalista de la India en auge, la división se vio en gran medida como un intento del gobierno británico de dividir el singular país para gobernarlo más fácilmente. Se temía que los gobernantes británicos pretendieran enfrentar a las naciones de la India entre sí.

El gobierno británico de la India solo quería conseguir eficiencia administrativa con esta división, pero a su vez, crearon dos movimientos nacionalistas separados en la India que seguirían luchando contra el dominio extranjero durante las décadas siguientes. Uno fue el movimiento Swadeshi de los hindúes, y el otro la Liga Musulmana de toda la India. Sin embargo, incluso los historiadores modernos creen que la partición de Bengala tenía alguna agenda política detrás. Calcuta era la sede del Congreso Nacional Indio, que había ganado en popularidad y representaba una espina para la política británica en el subcontinente. En un intento de desplazar al partido político, el gobierno británico solo consiguió instigar el nacionalismo en la India, que tomaría la forma de terrorismo, ya que los estudiantes optaron por los atentados y los tiroteos para conseguir sus objetivos.

Antes de la partición de Bengala, el Congreso Nacional Indio inició peticiones en contra, pero sin éxito. Era necesario un enfoque más agresivo, y el Congreso Nacional Indio empezó a llamar a toda la población de la India a boicotear los productos británicos. El resultado de este llamamiento fue inesperado, y el movimiento nacionalista de la India dio un gran paso adelante al involucrar en la política tanto a la población rural como a la urbana de Bengala. De repente, las mujeres y los estudiantes empezaron a ser políticamente activos, al igual que los plebeyos. El movimiento nacionalista de la India pasó de ser un grupo elitista a una cruzada popular. La división de la nación logró lo que el Congreso Nacional Indio había intentado conseguir durante décadas, y la nación de la India se unió finalmente bajo un objetivo común, oponerse al dominio extranjero de Gran Bretaña.

El movimiento Swadeshi tomó su nombre del sánscrito, y no es más que la conjugación de las palabras *Swa*, que significa "yo" o "propio", y *desh*, que significa "país". Por lo tanto, Swadeshi significa "el propio país". A los ojos de los miembros del movimiento, Bengala era interpretada como la diosa Kali, que había sido maltratada por los británicos. En el hinduismo, Kali es vista como la destructora del mal, y como tal, era la diosa patrona de muchos movimientos en la India, ya fueran religiosos, sociales o políticos. Su grito de guerra era "Vande Mataram", "Salve la madre(tierra)". El movimiento Swadeshi contó con el apoyo de otras regiones de la India, y se organizaron protestas de apoyo en Poona, Punjab, Bombay, Delhi, Kangra, Jammu y Haridwar.

Oficialmente, el movimiento Swadeshi fue proclamado el 7 de agosto de 1905 en la reunión del Congreso Nacional Indio en Calcuta. El movimiento ganó liderazgo político y un enfoque más directo cuando se tomó la decisión de boicotear todos los productos británicos. Los líderes del movimiento recorrieron el país para difundir el boicot. En algunos lugares, llegaron a reunir a multitudes de decenas de miles de personas. Como resultado, la tela de Manchester y la sal de Liverpool registraron una caída de las ventas de entre el 5% y el 15% solo en el primer año del boicot.

Con el tiempo, el movimiento Swadeshi crearía una división dentro del Congreso Nacional Indio, ya que una parte del partido político quería recurrir a medidas más extremas, mientras que el resto quería seguir con su enfoque pacífico. En 1906, el Congreso declaró que su nuevo objetivo era el autogobierno de la India. En la India, el autogobierno se conocía como Swaraj. El Congreso Nacional Indio estaba dividido entre los moderados, que no estaban preparados para una medida tan radical como el Swaraj, y los extremistas, que pretendían acelerar el proceso de creación de un gobierno totalmente indio.

El boicot pasó de la negativa a comprar, vender y consumir productos extranjeros a un rechazo general de todo lo británico, incluyendo escuelas, tribunales, títulos y servicios gubernamentales. El objetivo era hacer imposible la administración del subcontinente indio para el gobierno británico y disminuir la explotación de los territorios indios, que solo servía para ayudar al comercio británico. El gobierno británico vio dimitir a un gran número de funcionarios indios, como alguaciles, diputados, oficinistas e incluso cipayos. Por otra parte, algunos de los miembros del Movimiento Swadeshi optaron por el uso de la violencia para luchar contra el gobierno británico. Sin embargo, fue el boicot a los productos extranjeros el que dio mejores resultados.

Sin embargo, en 1908, el movimiento experimentó una fase de enfriamiento. Al final fracasó, en gran parte porque no consiguió implicar a la población musulmana, especialmente en el campo. El gobierno británico consideró el movimiento Swadeshi como una amenaza y lo atacó con mano dura. Para desmotivar el movimiento, el gobierno prohibió todas las reuniones públicas, las procesiones y la prensa. Los estudiantes que participaron en las concentraciones del movimiento fueron expulsados de las universidades, y los funcionarios del gobierno que apoyaban el movimiento fueron destituidos de sus cargos. La policía solía golpear a la gente y se enfrentaba a multas imposibles de pagar para los ciudadanos comunes.

Aunque el movimiento Swadeshi decayó, aportó ideas que solo servirían para reforzar el nacionalismo indio. El movimiento dejó su rastro en la cultura de la India a través de la literatura, las canciones y los relatos, que siguieron extendiéndose por todo el subcontinente indio, aunque el movimiento no consiguió casi nada. Sin embargo, el movimiento Swadeshi fue solo el comienzo de la lucha india contra el colonialismo británico. Las ideas que lo sustentaban seguirían existiendo, y volverían a despertarse en el futuro gracias a los esfuerzos de Mahatma Gandhi.

La Liga Musulmana de toda la India

Al igual que con los hindúes, el Raj británico no logró incorporar a los musulmanes y sus enseñanzas a la nueva estructura social de la India. Aunque los centros educativos musulmanes estaban abiertos, se centraban en el currículo y las ciencias británicas. Esto creó una respuesta por parte de los eruditos musulmanes, que defendían las enseñanzas islámicas y se oponían a la idea de que todos los ciudadanos de la India, tanto musulmanes como hindúes, tenían que ser occidentalizados. La identidad nacional de los musulmanes estaba presente mucho antes que la de los hindúes; sin embargo, su preocupación por la preservación de su cultura y religión les impidió entrar de lleno en la escena política.

Conferencia de la Liga Musulmana de la India

https://upload.wikimedia.org/wikipedia/commons/7/74/All_India_Muslim_league_conference_1906_attendees_in_Dhaka.jpg

Los esfuerzos por preservar la educación de los musulmanes, su cultura y su religión eran imposibles sin ciertos derechos especiales que debían obtenerse del gobierno británico. La necesidad de un partido político independiente era obvia, y algunos individuos entre los eruditos musulmanes se organizaron en un partido político conocido como la Liga Musulmana de toda la India. La Liga se formó en Dhaka, Bangladesh, en diciembre de 1906. Se formó un año después de que se produjera la partición de Bengala, ya que este acontecimiento no hizo sino acelerar la creación de la Liga, ya que concentró a los musulmanes en los territorios orientales de la provincia y elevó su sentimiento de nación separada.

El fundador de la Liga Musulmana de toda la India, Nawab Khwaja Salimullah, no fue elegido como su primer presidente. El honor de ese cargo correspondió a otro fundador de la Liga, Sir Sultan Muhammad Shah (Aga Khan III). Tanto Salimullah como Muhammad Shah eran mecenas de la educación musulmana en la India, y ambos creían firmemente que los musulmanes necesitaban un capital educativo antes de dedicarse a la política. Lucharon por la apertura de una universidad musulmana en Dhaka, pero hasta 1911 no lo conseguirían. Ese año se produjo la anulación de la partición de Bengala por parte del rey Jorge V, y la Liga Musulmana se preocupó aún más por los intereses de los musulmanes en el ámbito de la educación. Solo cuando expresaron sus preocupaciones tras la reunificación de la Bengala hindú y musulmana, se les concedió el permiso para abrir una universidad musulmana en Dhaka.

Una de las primeras cosas que exigió la Liga Musulmana de toda la India tras su creación fue una representación separada en el gobierno británico, y su primera victoria hacia este objetivo se produjo en 1908, cuando la Cámara de los Lores aceptó su propuesta. Sin embargo, la Liga no estaba satisfecha con el número de escaños que se iban a reservar para los representantes musulmanes en el Parlamento. Al año siguiente, los musulmanes protestaron contra la decisión del gobierno y, para llegar a un compromiso, se concedieron más escaños a los representantes musulmanes.

Los musulmanes y los hindúes encontraron un lenguaje común durante la Primera Guerra Mundial, ya que ambos grupos tenían derechos similares por los que luchar. Hubo incluso un intento de formar una alianza entre musulmanes e hindúes; sin embargo, una vez terminada la guerra, esta alianza no duraría mucho. Los musulmanes y los hindúes se distanciaron, y cada grupo volvió a su comunidad. Los musulmanes estaban indignados porque el Imperio otomano había sido sancionado después de la Primera Guerra Mundial, y organizaron disturbios en toda la India que pretendían mostrar su apoyo al Imperio otomano. Muchos políticos musulmanes incluso abandonaron sus cargos en el gobierno. La Liga Musulmana de toda la India reconoció que la creencia británica de "dos naciones en un solo estado" (que musulmanes e hindúes podían vivir juntos en un solo estado) era imposible de mantener, y la Liga cambió su programa, pasando de defender los derechos de los musulmanes dentro de la India a la creación de un estado totalmente musulmán en el subcontinente indio. Nació la idea de Pakistán, pero el gobierno británico se opuso firmemente. Para el Raj británico, la India tenía que ser una sola entidad política, no solo por la administración, sino también por los beneficios económicos. Si los musulmanes tenían su propio estado, Gran Bretaña se vería obligada a tratarlos también como una entidad económica independiente.

Durante la década de 1940, la Liga Musulmana de toda la India creció, atrayendo a más de dos millones de miembros. Sin embargo, sus opiniones políticas estaban cada vez más influenciadas por la religión. No veían ninguna razón para permanecer unidos a los hindúes, con los que no tenían nada en común. Sus culturas, su lengua, su literatura y su historia eran completamente diferentes, por lo que creían que las dos naciones no podían vivir bajo el mismo gobierno. El sentimiento separatista creció exponencialmente. Sin embargo, no todos los musulmanes pensaban así. Algunos declararon que lo mejor para todos los grupos sociales era permanecer unidos bajo un solo Estado. Cuando la Liga Musulmana de toda la India aprobó la resolución para crear un nuevo estado, se encontró con la oposición de otros grupos musulmanes, como la Conferencia Musulmana Azad de toda la India. El conflicto violento fue inevitable, y el líder de la Conferencia Musulmana Azad, Allah Bakhsh Soomro, fue asesinado.

El nuevo estado musulmán de Pakistán contendría las provincias de Sindh, Punjab, Baluchistán, la Provincia de la Frontera del Noroeste y Bengala. La declaración de la resolución de la Liga Musulmana de toda la India provocó conflictos aún más violentos, especialmente en las provincias mencionadas. En lugar de pedir la paz, la Liga financió a sus partidarios, que se manifestaron y protestaron, creando a menudo disturbios y cometiendo actos de violencia contra hindúes y sijs.

Sin embargo, la Liga no pudo hacer nada para conseguir el apoyo a Pakistán dentro del gobierno británico. Solo después de que terminara el dominio británico de la India en 1947 pudo crearse el nuevo estado. Incluso entonces, la Liga no pudo ponerse de acuerdo sobre el futuro de su nuevo estado, y se dividió en partidos políticos más pequeños con diferentes ideologías. Más tarde, la Liga Musulmana de toda la India volvería a reunirse, esta vez con un nombre diferente, la Liga Musulmana de Pakistán.

Capítulo 6: La India durante la Primera Guerra Mundial

Tropas indias en bicicleta en la batalla del Somme
https://en.wikipedia.org/wiki/Indian_Army_during_World_War_I#/media/
File:Indian_bicycle_troops_Somme_1916_IWM_Q_3983.jpg

El movimiento Ghadar

Desde 1904, la costa oeste de Norteamérica había sido un destino migratorio atractivo para muchos indios, especialmente los de la zona del Punjab. El hambre, la pobreza y la falta de oportunidades obligaban a los indios a buscar empleo en otros estados, y aunque el gobierno británico se conformaba con dejar que los indios trabajaran en sus plantaciones de Fiyi y Birmania, se oponía a la migración a Norteamérica, donde las ideas socialistas de libertad estaban en auge. En 1908, el secretario de Estado de la India llegó a imponer restricciones a la inmigración a Canadá porque temía que, si los indios se encontraban con el mundo occidental libre, el gobierno británico perdería el prestigio por el que gobernaba la India. El Raj británico no necesitó utilizar la fuerza durante su gobierno por esta cuestión, ya que los indios creían que formaban parte de un imperio mayor.

A pesar de las restricciones, algunos indios consiguieron emigrar a Canadá y a los estados del oeste de Estados Unidos. Eran soldados veteranos del ejército indio británico y, como habían luchado por todo el mundo, ya conocían la prosperidad del mundo occidental. A pesar de que estos hombres y sus familias se enfrentaron al duro racismo y al escrutinio del Oeste, decidieron quedarse, ya que la pobreza y el hambre de su país eran la única opción. Alejados de las comunidades predominantemente blancas de Canadá y América, los indios se organizaron en grupos muy unidos, donde dejaron crecer sus ideas nacionalistas. Sin embargo, en lugar de luchar por sus derechos en las tierras en las que se encontraban, centraron sus esfuerzos en la situación de su país, la India. Sentían que mientras no fueran libres en la India, no podían esperar que otras naciones los trataran como iguales.

Varios movimientos nacionalistas indios empezaron a surgir en Occidente, e incluso organizaron periódicos que promovían sus ideas separatistas, como *Circular-e-Azadi* en San Francisco o *Free Hindustan* en Vancouver. Los inmigrantes indios recordaron el movimiento Swadeshi y le prestaron su apoyo. Algunos exiliados políticos de la India encontraron sus nuevos hogares en Canadá y Estados Unidos, donde siguieron promoviendo sus ideas de derrocar el dominio británico. El primero en predicar una revolución violenta contra los británicos fue un sacerdote sij llamado Bhagwan Singh, que llegó a Occidente en 1913, justo antes del comienzo de la Primera Guerra Mundial.

Bhagwan Singh fue expulsado de Canadá y se trasladó a Estados Unidos, donde las enseñanzas políticas de Lala Har Dayal ya habían reunido a los inmigrantes indios en una comunidad. Har Dayal era profesor de la Universidad de Stanford, pero sus esfuerzos por ayudar a los trabajadores inmigrantes en EE. UU., le llevaron a la política. Tras el intento de asesinato de Lord Charles Hardinge, el virrey de la India, en 1912, Har Dayal se dio cuenta de que existía la posibilidad de un derrocamiento revolucionario del gobierno británico, y pasó de centrarse en los sindicatos de trabajadores para inmigrantes en Estados Unidos a predicar un levantamiento armado y violento en la India. Fundó la Asociación Hindi en Portland y comenzó a predicar a los indios inmigrantes para que volvieran a casa y llamaran a sus compatriotas a tomar las armas contra los británicos. Las ideas de Har Dayal fueron rápidamente aceptadas por los inmigrantes, y se editó una nueva publicación semanal, el *Hindustan Ghadar*, que llamaba a la revolución. Como es de suponer, el movimiento Ghadar tomó su nombre de esta publicación.

El inicio de la Primera Guerra Mundial no detuvo los planes del movimiento Ghadar. De hecho, lo vieron como una oportunidad para plantar la semilla de la revolución entre los soldados indios, que a su vez lucharían contra los británicos en lugar de a su lado. Difundieron su propaganda no solo entre los inmigrantes en Estados Unidos y Canadá, sino también entre los indios que trabajaban en los Estados Malayos, Fiyi, Filipinas, China y Japón, llamándoles a volver a casa e instigar una revolución.

Pero el movimiento Ghadar no mantuvo su revolución en secreto, lo que fue un grave error. En lugar de organizar silenciosamente la revuelta en su país, su propaganda fue muy ruidosa y circuló por todo el mundo. Una vez que el movimiento estuvo listo para pasar a la acción, el gobierno británico de la India estaba preparado para ellos. Los primeros inmigrantes que regresaron a suelo indio fueron apresados. Los que fueron reconocidos como menos peligrosos fueron confinados en sus pueblos con órdenes estrictas de no salir de ellos. Los inmigrantes más peligrosos, sin embargo, fueron detenidos. Sin embargo, muchos miembros de Ghadar consiguieron llegar a la India sin ser detectados y se dirigieron al Punjab, donde planeaban iniciar su revolución.

Por desgracia para ellos, el Punjab al que esperaban volver era diferente al que esperaban. Aunque la propaganda del movimiento Ghadar había llegado hasta ellos, los ciudadanos eran pasivos y simplemente no tenían interés en la revolución. Los líderes del movimiento hicieron todo lo posible por despertar el nacionalismo en sus conciudadanos, pero fue en vano. Algunos ciudadanos del Punjab empezaron a denunciar a los líderes del Ghadar, lo que llevó a su detención. Conscientes de que eran recibidos con desprecio, los ghadares trataron de extender su influencia a través de las filas de los cipayos. Aunque lograron instigar pequeños motines entre los soldados, carecían de un liderazgo centralizado que les permitiera enfocar sus esfuerzos con mayor claridad.

Además, los líderes del movimiento Ghadar acababan de regresar de pasar muchos años en Canadá, Estados Unidos e incluso Alemania, lo que les hizo impopulares entre los lugareños. Pronto se dieron cuenta de que necesitaban a alguien conocido, alguien que ya hubiera demostrado su valía en el territorio de la India, si querían inspirar a los ciudadanos. Al año siguiente, en 1915, Rash Behari Bose respondió a su llamada y aceptó el liderazgo del movimiento Ghadar. Bose ya era muy popular entre los indios que estaban en contra del dominio colonial, ya que fue él quien había intentado asesinar al virrey Lord Charles Hardinge en 1912.

Con este nuevo liderazgo, el movimiento Ghadar mejoró su comunicación y organización. Bose envió hombres a varias guarniciones militares con la tarea de difundir la noticia del próximo motín y reclutar cipayos dispuestos. El 11 de febrero de 1915, los exploradores regresaron con informes optimistas, y el movimiento Ghadar fijó la fecha del levantamiento para el 21 de febrero. Sin embargo, un agente del Departamento de Investigación Criminal consiguió infiltrarse en el movimiento y notificó al gobierno los planes de Bose. Los miembros de Ghadar intuyeron que algo pasaba y decidieron acelerar el motín y trasladarlo al 19 de febrero. Sin embargo, el agente infiltrado no fue capturado, y llevó los nuevos detalles al gobierno, que estaba más que dispuesto a tomar medidas contra el movimiento.

La mayoría de los líderes de Ghadar fueron arrestados, aunque Bose logró escapar, y el motín fue aplastado incluso antes de que hubiera comenzado. El gobierno quería dar ejemplo para evitar que cualquier organización futura intentara algo similar al movimiento Ghadar. En Punjab y Mandalay (Birmania) se celebraron un número excesivo de juicios por conspiración que condenaron a muerte a 45 revolucionarios, y más de 200 fueron condenados a prisión. Las represalias del gobierno dejaron a la India sin toda una generación de líderes nacionalistas en el Punjab.

Sin embargo, el fracaso del movimiento Ghadar no desanimó a todos los revolucionarios. Algunos siguieron operando, especialmente los emigrantes indios en Berlín y Estados Unidos bajo el liderazgo de Ram Chandra. Con la ayuda del gobierno alemán, deseoso de deshacerse de la supremacía británica, siguieron intentando instigar motines. Consiguieron inspirar una oposición violenta al dominio británico, pero solo tuvo lugar en unos pocos lugares, y no hubo un número suficiente para iniciar una revuelta india generalizada. Aunque el movimiento Ghadar no logró un cambio político significativo en la India, lo que sí hizo fue mantener vivo el espíritu del nacionalismo y recordar a los civiles la ideología de Swadesh y que el autogobierno de la India podía alcanzarse si un número suficiente de personas se unía.

El movimiento Home Rule (Movimiento de autogobierno)

En 1909, Bal Gangadhar Tilak, nacionalista indio y activista por la independencia, fue exiliado de la India y condenado a pasar los siguientes seis años en una prisión de Mandalay, Birmania. Fue acusado de organizar protestas y pronunciar discursos contra el gobierno británico en tres ocasiones distintas, en 1897, 1902 y posteriormente en 1916. Tilak era miembro del Congreso Nacional Indio, y había pertenecido a los extremistas cuando el Congreso se dividió en dos en 1907. En 1915, estaba de vuelta en la India y quería volver a unirse al Congreso y reparar la división entre los extremistas y los moderados. Para ello, hizo una declaración pública en la que comparaba el movimiento irlandés por el autogobierno con los indios nacionalistas. Tilak creía que los indios debían tratar de reformar el sistema administrativo y no derrocar al gobierno, como había ocurrido en Irlanda. También condenó públicamente todos los ataques violentos contra los británicos que se habían producido bajo la influencia del movimiento Ghadar. Ofreció todo su apoyo a la Corona británica e instó a todos los indios a ofrecer su ayuda al gobierno tras la Primera Guerra Mundial.

El Congreso Nacional Indio se mostró muy comprensivo con Tilak, sobre todo porque fue presionado por otro importante personaje político que trabajaba enérgicamente en la reforma de la India, la señora Annie Besant. Ella se unió al Congreso en 1914 y se empeñó en despertar al adormecido partido e impulsarlo a la actividad política nacional.

En ese momento, Annie Besant tenía 66 años, pero su carrera política había comenzado en Inglaterra durante su juventud. Se dio cuenta de la situación de los pobres en Inglaterra después de su matrimonio, cuando tenía veinte años. Pronto se enteró de la existencia de los radicales ingleses y de la Unión de Agricultores, que exigían mejores condiciones de trabajo. Besant entró en conflicto con su marido, que tenía ideas políticas diferentes a las suyas, y la pareja se separó tras solo seis años de matrimonio. A continuación, se matriculó en la Institución Literaria y Científica Birkbeck, que fue donde comenzó su labor de activismo en el ámbito de la religión y la política. Fue la más activa en áreas como los derechos de la mujer, el control de la natalidad, el laicismo, el socialismo y los derechos de los trabajadores. De hecho, Besant compartió sus ideas con el escritor irlandés George Bernard Shaw, con quien se hizo muy amiga y posiblemente inició una relación. Sin embargo, los divorcios no estaban al alcance de una mujer de clase media en la Inglaterra del siglo XIX, y siguió siendo la esposa legal de su anterior marido, que condenó su relación amorosa con el escritor irlandés. Besant comenzó a interesarse por el ocultismo y se hizo miembro de la Sociedad Teosófica. Esta sociedad ocultista pretendía establecer una conexión entre varias religiones, y encontró inspiración en las enseñanzas hindúes, budistas y sufíes, así como en el cristianismo. Fue esta sociedad la que llevó a Annie Besant a la India en 1893, donde se interesó por los problemas sociales de las castas y el dominio extranjero.

Una vez que se unió al Congreso Nacional Indio en 1914, su atención pasó del activismo social a la construcción de un gobierno autónomo similar al del movimiento del autogobierno irlandés. Para ello, necesitaba el apoyo tanto de los extremistas como de los moderados, y trabajó duro con Tilak para reparar las heridas causadas por la división del partido. Tuvieron éxito, y el Congreso reunió a ambas facciones en un solo partido político. Sin embargo, su éxito fue parcial, ya que los moderados del ala de Bengala del Congreso Nacional Indio no permitieron que los extremistas se reincorporaran a su seno.

Durante 1915, Annie Besant lanzó una campaña en la que convocó reuniones y conferencias públicas para exigir el autogobierno de la India. Sus acciones, y las de Tilak, hicieron cambiar de opinión a los líderes del ala bengalí del Congreso Nacional Indio y, finalmente, el partido volvió a estar completo. Sin embargo, Besant no tuvo suerte a la hora de atraer al Congreso y a la Liga Musulmana a su idea de establecer un gobierno autónomo. Sin embargo, Tilak se sintió atraído por su idea y tomó la iniciativa de crear su propia liga de autogobierno en Bombay. Dado que el Congreso Nacional Indio permaneció pasivo respecto al autogobierno, en septiembre de 1916, Besant lo abandonó para crear su liga de autogobierno, y ganó muchos seguidores. Las dos ligas de autogobierno existieron al mismo tiempo que la otra, pero evitaron los conflictos estableciéndose en los territorios en los que iban a actuar. La liga de Tilak funcionaba en las zonas de Maharashtra, Karnataka, las Provincias Centrales y Berar, mientras que la liga de Annie operaba en el resto de la India.

Las dos ligas nunca se fusionaron y, aunque Besant afirmaba que no tenía nada en contra de Tilak, algunas de sus convicciones conservadoras respecto a los derechos de las mujeres indias pueden haberlas mantenido separadas. Aunque Tilak tenía convicciones progresistas en lo que respecta a la política de la India, seguía siendo muy conservador cuando se trataba de reformas sociales. Se opuso a las reformas que luchaban contra la intocabilidad, una práctica que condena al ostracismo a las minorías, en el sistema de castas de la India. También se oponía a elevar la edad de consentimiento para el matrimonio de las niñas, ya que afirmaba que rompería la tradición hindú. La edad de consentimiento, según la tradición hindú, era de diez años, y el gobierno británico consiguió elevarla a doce a pesar de la fuerte oposición de los conservadores. Sin embargo, Tilak contaba con un gran número de seguidores; en abril de 1917, su liga de autogobierno tenía 14.000 miembros.

Muchos de esos miembros eran seguidores de su Sociedad Teosófica, y permanecieron inactivos en la política india. Sin embargo, la fuerza de Besant no estaba en los números, sino en la ideología que representaba. Mientras Tilak intentaba excusar las diferencias de casta, la liga doméstica de Besant trabajaba en la creación de centros educativos y bibliotecas para las castas inferiores. También trabajó activamente en la eliminación del concepto de intocabilidad. Aunque Annie Besant y Tilak tenían puntos de vista completamente diferentes sobre la condición social de los indios, nunca se opusieron públicamente, ya que tenían el mismo objetivo de promover el autogobierno de la India.

A medida que ambas ligas de autogobierno crecían en popularidad, extendiendo su influencia por las universidades de la India, el gobierno británico tuvo que reaccionar. En junio de 1917, Besant y sus asociados fueron arrestados. Sin embargo, el gobierno no esperaba que la India protestara tan enérgicamente por su internamiento. Una ola de ira nacional contra las acciones del gobierno empujó a algunos indios prominentes a renunciar al dominio británico. Sir Subbier Subramania Iyar, caballero comandante de la Orden Más Eminente del Imperio Indio, renunció a su título de caballero en señal de protesta. Incluso los miembros del Congreso que dudaban en unirse al movimiento de autogobierno lo hicieron en ese momento. Tilak llamó a los civiles a la desobediencia civil hasta que Besant y sus asociados fueran liberados de su encarcelamiento.

El malestar causado por el encarcelamiento de Annie Besant fue efectivo en dos frentes. Ella fue liberada en septiembre de 1917, y el nuevo secretario de Estado de la India, Edwin Montagu, hizo una declaración histórica el 20 de agosto de 1917. Afirmó que la nueva política de emplear a más indios en la administración del gobierno se pondría en práctica de inmediato para preparar el desarrollo de las instituciones de autogobierno. Esto supuso un gran paso para las dos ligas de autogobierno, pero no significó que la India obtuviera su autogobierno. Los británicos se aseguraron de añadir una cláusula según la cual solo el gobierno británico tenía el poder de decidir cuándo y en qué condiciones se concedería el autogobierno.

Sin embargo, la mayoría de los miembros de las ligas de autogobierno se apaciguaron con la declaración de Edwin Montagu, y no buscaron más acciones. En lugar de continuar con sus luchas, la liga de autogobierno de Annie Besant se disolvió. Aunque fue promovida como presidenta del Congreso Nacional Indio, sus anteriores seguidores dejaron de asistir a las reuniones en 1918. Cuando el gobierno publicó las reformas previstas, creó otra división en el Congreso Nacional Indio. Algunos querían aceptar lo que el gobierno ofrecía inmediatamente, mientras que otros querían rechazarlo todo. La propia Besant, aunque era consciente de la necesidad de seguir luchando, cuestionó la eficacia de la resistencia pasiva. También condenó las reformas que el gobierno ofrecía, diciendo que eran una vergüenza para Gran Bretaña; sin embargo, más tarde abogó a favor de ellas.

Tilak era consecuente con sus creencias y quería continuar la lucha por el autogobierno, pero no podía hacerlo solo. Decidió marcharse a Inglaterra a finales de 1918, donde demandó a Valentine Chirol por difamación. La ausencia de Tilak de la vida política de la India durante estos meses críticos no hizo sino acelerar la desaparición de la liga. Aunque la liga duró poco, supuso un gran paso para el autogobierno de la India. Los miembros tanto del Congreso Nacional Indio como de las ligas de autogobierno que se mantuvieron fieles a su ideología nacionalista resultarían ser la columna vertebral del movimiento bajo el liderazgo de Mahatma Gandhi, un hombre que ya era famoso por sus esfuerzos para mejorar la vida de los indios en Sudáfrica.

Capítulo 7: Mahatma Gandhi

Fotografía de Mahatma Gandhi tomada en 1931
https://en.wikipedia.org/wiki/Mahatma_Gandhi#/media/File:Mahatma-Gandhi,_studio,_1931.jpg

En Sudáfrica

Abogado indio que estudió en Londres, Mohandas Karamchand Gandhi es uno de los personajes más conocidos del mundo. Fue un activista anticolonialista y ético indio famoso por sus métodos de resistencia no violentos. Hoy es un símbolo del pacifismo y la paz mundial, y sigue inspirando a personas de todo el mundo a luchar por su libertad y sus derechos. Se le conoce por su honorable título de Mahatma, que muchos confunden con su nombre real. En sánscrito, Mahatma significa venerable, y se le llamó así por primera vez durante su activismo en Sudáfrica.

Los indios habían comenzado su migración a Sudáfrica durante 1890, ya que la pobreza y la falta de trabajo les empujaban a buscar fortuna más allá de su patria, sobre todo en otras colonias británicas. Gandhi fue invitado a Sudáfrica para representar a un comerciante indio en un juicio. Era el primer indio con estudios superiores que llegaba a Sudáfrica, y decidió quedarse allí e incluso llevarse a su familia. Pero el joven Gandhi estaba desconcertado por el racismo que veía, que formaba parte de la vida cotidiana de un indio en Sudáfrica. Gandhi procedía de una familia respetada, ya que su padre era un dewan (ministro de Estado), y no podía tragarse todos los insultos raciales que le llegaban, tanto de los lugareños como de los colonialistas blancos. Ni siquiera en Inglaterra, donde pasó tres años estudiando, se encontró con semejante racismo dirigido a él. Además de los habituales insultos verbales, a Gandhi se le negó la entrada en el vagón de primera clase de un tren, a pesar de tener el billete correspondiente. En su lugar, se le indicó que se sentara en la parte trasera del tren con el equipaje. Otro caso fue en un hotel, donde tenía una habitación reservada, pero la dirección no le creyó y le echó. Siguió sufriendo estas indecencias racistas durante toda su estancia en Sudáfrica.

A su llegada a Pretoria, donde se iba a celebrar el juicio, Gandhi reunió inmediatamente a sus compañeros indios y se ofreció a enseñarles inglés para que pudieran desenvolverse en la vida cotidiana en un país extranjero. También sugirió que se opusieran a esta opresión y organizaran algún tipo de protesta contra ella. Además, Gandhi expresó su descontento a través de la prensa.

Gandhi no pretendía instalarse en Sudáfrica y, una vez terminado el pleito, se preparó para volver a la India. Pero los indios incultos le rogaron que se quedara al menos un mes para ayudarles a organizar sus protestas. Como no conocían la lengua inglesa, no podían ni siquiera redactar las peticiones, y mucho menos entender documentos más complicados. Gandhi aceptó quedarse un mes, pero acabó quedándose mucho más tiempo. Llegó como un abogado de 25 años, y cuando se fue, era un Mahatma de 45 años.

El activismo de Gandhi se desarrolló principalmente en el ámbito político, ya que envió numerosas peticiones y cartas a las legislaturas sudafricanas, al secretario colonial en Londres y al Parlamento británico. Estaba seguro de que al gobierno británico le bastaba con conocer todos los hechos de la opresión de los indios en Sudáfrica para que interviniera. Para aumentar su eficacia y unir a los indios de las clases obreras y mercantiles, fundó el Congreso Indio Sudafricano, y también creó su propio periódico, *Indian Opinion*. Era un eficaz recaudador de fondos, periodista, político y propagandista en un solo paquete. Sin embargo, en 1906, Gandhi estaba completamente convencido de que los métodos "moderados" que había emprendido no le llevaban a ninguna parte.

A partir de 1906, Gandhi puso en práctica su idea de resistencia pasiva, que denominó Satyagraha. El término en sí es una combinación de las palabras sánscritas para "verdad" e "insistencia". Pero para Gandhi, la satyagraha era más filosófica, ya que explicaba que la verdad es el amor y que la insistencia es la fuerza. Según él, la satyagraha es una "fuerza de amor" lo suficientemente fuerte como para provocar el cambio. El núcleo de la filosofía de Gandhi era la desobediencia civil, aunque él prefería llamarla "resistencia civil". Predicaba que la mejor manera de luchar contra la opresión era la resistencia no violenta y pasiva. Sin embargo, esto no significa que los activistas de la satyagraha no hicieran nada. Se trataba de negarse a obedecer al gobierno como alternativa a la violencia.

Por ejemplo, cuando el gobierno de Sudáfrica obligó a todos los indios a empadronarse y a llevar siempre consigo sus certificados obligatorios de empadronamiento, ellos se negaron a hacerlo. Cuando el gobierno empezó a perseguir a los indios por desobediencia, simplemente se declararon culpables y fueron enviados a la cárcel. Sin embargo, el número de indios en las cárceles no dejó de crecer, ya que insistían en practicar la desobediencia civil. En pocas semanas, el número de indios encarcelados ascendió a 155, e incluso lo llamaron burlonamente "Hotel del Rey Eduardo". Finalmente, el gobierno se dio cuenta de que su legislación no tenía ningún efecto, y tuvo que ceder. Se llegó a un acuerdo que establecía que la ley se retiraría si los indios se registraban voluntariamente. Gandhi fue el primero en aceptar estas condiciones, demostrando que su satyagraha tuvo éxito.

Sin embargo, el gobierno jugó una mala pasada a los activistas indios y aprobó otra ley que restringía la inmigración india a Sudáfrica. Gandhi y sus seguidores se dieron cuenta de que la lucha tendría que continuar. Para apoyar a los activistas y sus familias, Gandhi abrió la Granja Tolstoi, que fue una donación de su rico amigo alemán Hermann Kallenbach, que admiraba la filosofía de Gandhi. La granja se creó para ofrecer sustento a las familias de los indios encarcelados por desobediencia civil en su lucha contra el gobierno. La granja, que lleva el nombre del autor ruso León Tolstoi, que influyó mucho tanto en Gandhi como en Kallenbach, fue uno de los primeros ashrams, que en este caso eran granjas similares abiertas en la India durante el periodo de activismo de Gandhi en su país natal.

La satyagraha no violenta de Gandhi supuso varios encarcelamientos para él y sus seguidores. En las cárceles sudafricanas se les sometió a duros trabajos, hambre y palizas, y se les mantuvo constantemente en celdas oscuras. Pero la lucha continuó, y el duro ambiente de la prisión no les hizo perder el ánimo. Cuando las condiciones de la prisión se hicieron públicas, los trabajadores indios de toda Sudáfrica se pusieron en huelga. La satyagraha obligó al gobierno a sentarse con sus oponentes en una mesa de negociación, y muchas demandas de los indios oprimidos en Sudáfrica fueron satisfechas. Gandhi estaba satisfecho con las acciones de su pueblo, y sentía que les había enseñado todo lo que su filosofía podía ofrecer. Era el momento de volver a su país, a la India, y llevar allí la satyagraha.

En la India

En enero de 1915, Mahatma Gandhi regresó a la India, donde fue recibido con una cálida acogida. Sus actos en Sudáfrica ya eran conocidos por sus compatriotas en su país, y aunque esperaba que algunos colegas instruidos conocieran sus acciones, no estaba preparado para las masas de gente que acudieron a darle la bienvenida. Uno de los líderes del Congreso Nacional Indio, Gopal Krishna Gokhale, describió a Gandhi como un hombre hecho de la materia de la que están hechos los héroes y los mártires. Para Gokhale y muchos indios que admiraban a Gandhi, esa materia era su espíritu, que utilizaba para inspirar a la gente que le rodeaba.

Pero durante un año después de su llegada, Gandhi no se sumó a ninguna actividad política que acercara a la India a su independencia. Esto se debe a que decidió dedicar todo el tiempo necesario a estudiar la situación de la India. Viajó por el subcontinente para ver por sí mismo cómo vivían las comunidades y qué demandas tenían los indios. Allá donde iba, ganaba una horda de seguidores. Sin embargo, sus puntos de vista políticos eran diferentes a los del Congreso Nacional Indio y a los de las dos ligas de autogobierno. No se unió a ninguna de ellas, sino que decidió seguir un camino distinto.

Durante 1917 y 1918, Gandhi se involucró en cuestiones políticas locales, y estuvo activo durante las tres importantes luchas de Champaran (una ciudad de Bihar), Ahmedabad y Kheda (ciudades de Gujarat). Gandhi fue arrestado nada más al entrar en Champaran, y no ofreció ninguna resistencia, confundiendo a los políticos de la India. No era realmente un rebelde según su definición, aunque vino a dar su apoyo a los campesinos que luchaban contra sus terratenientes. Así, las autoridades locales recibieron la orden de liberar a Gandhi. Este procedió a recorrer los pueblos y a tomarles declaración para asegurarse un caso sólido contra el sistema. Pero el gobierno decidió transmitir una investigación y formó una Comisión de Investigación. Incluso invitaron a Gandhi a ser uno de los miembros, y este utilizó las pruebas recogidas de los campesinos para persuadir a la comisión de que los trabajadores habían sido realmente maltratados.

Después de la victoria en Champaran, Gandhi fue a Ahmedabad, donde los trabajadores industriales protestaban contra los propietarios de las fábricas, que querían quitar el "bono de la peste" a los trabajadores porque la peste había pasado. Sin embargo, los trabajadores necesitaban la bonificación porque los gastos de subsistencia habían aumentado durante el estallido de la Primera Guerra Mundial. Fue un recaudador británico, miembro de la administración local británica, quien pidió a Gandhi que fuera a proponer un compromiso entre los trabajadores y los propietarios de los molinos. Tras su investigación, Gandhi llegó a la conclusión de que los trabajadores necesitaban un aumento de sus salarios para hacer frente a las exigencias de precios de la vida durante la guerra mundial. Sugirió a los trabajadores que se pusieran en huelga, y durante la misma, Gandhi los animó dirigiéndose a ellos personalmente cada día. Como existía el peligro de morir de hambre debido a la huelga, ya que los trabajadores no recibían sus pagos, Gandhi prometió que sería el primero en morir de hambre, y se comprometió a ayunar. El ayuno de Gandhi aumentó la presión sobre los propietarios de las fábricas, que finalmente accedieron a satisfacer las demandas de los trabajadores.

En Kheda, los campesinos tenían los mismos problemas que los de Champaran, pero en este caso estaban causados por el fracaso de las cosechas en lugar de por la codicia de los terratenientes. Los campesinos exigieron la remisión del valor de la tierra, pero el gobierno los ignoró. Gandhi no podía permitir que la gente se muriera de hambre, y apeló a la ley, que establecía que, si la cosecha daba menos de una cuarta parte de la media anual, los ciudadanos tenían derecho a una remisión total de la renta de la tierra. Sin embargo, todas sus apelaciones y peticiones al gobierno fracasaron, por lo que llamó a los campesinos a practicar la desobediencia civil. Sin embargo, los campesinos de Kheda estaban demasiado agotados, ya que antes habían sufrido la peste y ahora el hambre. El gobierno aceptó recaudar los ingresos solo de los campesinos que pudieran pagar, pero con la condición de que no llegara al público, ya que sería un golpe para el prestigio del gobierno. Gandhi se vio obligado a aceptar esta condición debido a la débil salud del pueblo. A pesar de que no se dio publicidad a su lucha en Kheda, Gandhi salió victorioso.

Estos tres incidentes fueron una demostración de los métodos de Gandhi y de su eficacia. También ganó popularidad al resolver los problemas de la gente común en todo el país, y ahora tenía pleno conocimiento para entender lo que querían las masas de la India, las masas que serían su arma durante la lucha contra el dominio colonial. Los jóvenes de la India se unieron al movimiento de Gandhi con cada paso que daba. Les encantaba cómo era capaz de identificarse con los problemas de la gente común y cómo encontraba la fuerza y la paz en el pacifismo.

En 1919, Gandhi ya tenía suficientes seguidores para organizar una protesta masiva contra el gobierno británico, que planeaba introducir una legislación impopular. Mientras la Primera Guerra Mundial llegaba a su fin, el Raj británico planeaba reducir los derechos civiles de sus súbditos indios. Debido a la amenaza que suponían los movimientos nacionalistas en la India, el gobierno británico quería prorrogar el estado de emergencia vigente desde el comienzo de la guerra. Esto significaba que los derechos civiles de un juicio justo, el encarcelamiento con acusaciones definidas y la libertad de movimiento iban a ser restringidos, si no eliminados por completo. Estas legislaciones fueron conocidas como la Ley Rowlatt, llamada así por el presidente del comité de sedición que las propuso, Sidney Rowlatt.

Tras el fracaso de las protestas, Gandhi propuso poner en práctica su satyagraha. Los miembros más jóvenes de las ligas de la autonomía se apresuraron a unirse al movimiento de Gandhi, ya que querían distanciarse de los funcionarios del gobierno. Fueron ellos los que se pusieron en contacto con sus colegas y crearon una enorme red para difundir la propaganda de la satyagraha. Los seguidores de Gandhi decidieron organizar una huelga masiva en todo el país, que incluiría ayunos y oraciones.

La satyagraha nacional se lanzó el 6 de abril de 1919, pero hubo cierta confusión con la fecha en algunas partes de la India, ya que Delhi celebró su huelga el 30 de marzo. También hubo mucha violencia en las calles de la ciudad, que iba en contra de todo lo que representaba la satyagraha. La violencia se extendió por otras ciudades, y culminó en el Punjab, donde la gente había sufrido más durante la guerra. Se habían visto afectados por las enfermedades, el hambre y el excesivo reclutamiento para la guerra. Gandhi intentó llegar al Punjab y pacificar a su gente, pero el gobierno británico lo deportó a Bombay. Como Bombay también estaba en llamas, decidió quedarse allí y ayudar a calmar la situación.

En la ciudad de Amritsar, en el Punjab, la situación se agravó y se produjeron acontecimientos muy trágicos. Los lugareños empezaron a atacar a los ciudadanos británicos, incluidos mujeres y niños. A causa de la violencia, el gobierno decidió llamar al ejército y entregar la ciudad al general Reginald Dyer, que inmediatamente tomó medidas prohibiendo las reuniones públicas. Sin embargo, el 13 de abril era el festival de Vaisakhi, que celebran tanto los sikhs como los hindúes. Una gran multitud de personas se reunió para observar la festividad, e incluso los campesinos de las aldeas vecinas acudieron a la ciudad. Esto supuso un desafío directo a las órdenes del general Dyer, que ordenó a sus tropas que empezaran a disparar a la multitud desarmada durante diez minutos. Ni siquiera advirtió a la gente, que estaba atrapada, ya que la ciudad estaba amurallada y no ofrecía ningún lugar para correr o esconderse. El recuento oficial fue de 379 muertos, pero las cifras extraoficiales son mucho más altas. Más de 1.000 personas resultaron heridas. La víctima más joven de lo que se conoció como la masacre de Amritsar fue un bebé de seis semanas. El Congreso Nacional Indio decidió investigar las víctimas por sí mismo, ya que las cifras ofrecidas por el gobierno británico no coincidían con el número de fuegos disparados y el número de asistentes, que era aproximadamente de unos 20.000. Llegaron a la conclusión de que murieron alrededor de 1.000 personas, y 500 murieron más tarde a causa de las heridas recibidas.

A pesar de que la masacre dejó atónita a toda la nación, la situación en el Punjab no hizo más que empeorar. La ley marcial estaba en vigor, por lo que el pueblo fue sometido a diversas indignidades, como ser obligado a arrastrarse sobre el vientre y a besar las botas de los europeos. La brutalidad que tuvo lugar en el Punjab hizo que Gandhi y sus seguidores retiraran su huelga. Sin embargo, Mahatma Gandhi no perdió la fe en su pueblo. Solo un año después, inició otra huelga nacional, y la masacre de Amritsar fue solo una de las razones de su lanzamiento.

El Movimiento de no cooperación

La masacre de Amritsar y el aumento de la violencia en el Punjab horrorizaron a Gandhi, e hizo la promesa de que, si la India se unía en los esfuerzos de las protestas no violentas, el Swaraj (autogobierno) llegaría en un año. Ya no creía en las buenas intenciones de los británicos, pues ningún gobierno podía cometer semejante crimen con sus súbditos y estar dispuesto a hacer cambios para mejorar. Pero Gandhi era el único que se rebelaba ante las acciones del gobierno británico. La Primera Guerra Mundial acababa de terminar y el pueblo se dio cuenta de que los británicos habían hecho muchas promesas de posguerra que no tenían intención de cumplir. La gente seguía pasando la misma hambre que durante la guerra, seguía muriendo de enfermedades evitables debido al deficiente sistema sanitario y seguía siendo tratada como subhumana incivilizada por los europeos.

Pero una de las promesas que Gran Bretaña no cumplió tras la guerra provocó la ira de los musulmanes, que finalmente se unieron al movimiento de Gandhi. Los británicos habían prometido que, tras la guerra mundial, se restauraría el califato otomano. Los gobernantes otomanos eran considerados los líderes de la fe y la política suníes. El Tratado de Sèvres, firmado pocos años después del final de la Primera Guerra Mundial, en 1920, dividió el Imperio otomano y el Califato suní, lo que no hizo sino enfurecer a los musulmanes de la India. En protesta por el Tratado de Sèvres, los musulmanes indios organizaron un movimiento propio, conocido como el movimiento Khilafat. Gandhi simpatizaba con su causa y les invitó a unirse a otros indios para protestar contra el Raj británico, lo que los miembros del movimiento Khilafat aceptaron de buen grado.

Incluso el Congreso Nacional Indio estaba de acuerdo en que no se podía conseguir mucho por medios constitucionales, y muchos miembros se unieron al movimiento de no cooperación de Gandhi. Pidieron a sus colegas que no acataran los asuntos legislativos del gobierno británico y que se retiraran de las próximas elecciones parlamentarias. Incluso los votantes se negaron a votar. Algunos de los miembros del Congreso no estaban de acuerdo con la decisión de boicotear las elecciones, pero bajo la presión de su partido, acataron y se retiraron. Annie Besant apoyaba la lucha de la India por el autogobierno, pero no estaba de acuerdo con las ideas socialistas. Abandonó el Congreso y siguió defendiendo la independencia de la

India por su cuenta, a través de diversas campañas tanto en la India como en Inglaterra.

Formalmente, el movimiento se inició el 1 de agosto con una protesta nacional (hartal). Ese mismo día, a primera hora de la mañana, murió Bal Gangadhar Tilak, y mucha gente empezó a ayunar y a rezar para llorar su muerte. Algunos estudiosos sitúan el 4 de septiembre como la fecha oficial en la que se inició el movimiento de no cooperación, ya que ese día el Congreso Nacional Indio se unió al movimiento. En diciembre, los miembros del Congreso decidieron renunciar a todos sus honores y títulos y boicotear las escuelas, leyes, ropa e impuestos británicos.

El Congreso trabajó en la apertura de escuelas indias y también fundó los Panchayats, que son autogobiernos locales con autoridad para resolver disputas. Los miembros del Congreso también fomentaron la producción nacional de textiles y pidieron a todos los hindúes y musulmanes que vivieran unidos y abandonaran la práctica de la intocabilidad. Se puso en marcha un movimiento nacional de desobediencia no violenta, e incluso los terroristas revolucionarios extremos de Bengala se unieron al movimiento y cesaron sus ataques de guerrilla.

Durante 1921, Gandhi y los líderes del movimiento Khilafat realizaron una gira nacional por el país, organizando muchas reuniones con diversos políticos y dirigiéndose personalmente a la gente común. Solo en el primer mes, su movimiento influyó para que unos 90.000 estudiantes abandonaran las escuelas británicas y se matricularan en las recién inauguradas escuelas nacionales. Los abogados incluso se negaron a entrar en los tribunales y a seguir las leyes británicas, sacrificando sus lucrativas carreras. Esto sirvió para inspirar a más personas a unirse al movimiento.

Sin embargo, parece que el boicot a los textiles y la ropa británicos fue el que más efecto tuvo. Se organizaron voluntarios que fueron de casa en casa para recoger toda la ropa extranjera, que quemaron en una hoguera. No quemaron solo la ropa, ya que el boicot se extendió a todos los productos extranjeros. Los ingresos del gobierno que se producían por la venta de productos extranjeros en la India disminuyeron tanto que los británicos se vieron obligados a implementar una nueva propaganda que persuadiera a los indios de que los productos extranjeros eran beneficiosos para ellos. Sin embargo, esta propaganda tuvo poco efecto.

Mohammed Ali Jauhar, uno de los líderes del movimiento Khilafat, fue arrestado tras hacer una declaración en la que afirmaba que servir en el ejército británico iba en contra del islam y que todos los cipayos musulmanes debían abandonarlo inmediatamente. Gandhi apoyó a Jauhar y publicó un manifiesto en el que repetía las palabras de este. Gandhi también hizo un llamamiento a todos los soldados indios de cualquier religión para que rompieran sus vínculos con el ejército británico. El Congreso Nacional Indio adoptó la misma resolución y siguió difundiendo propaganda entre los soldados indios. El gobierno británico era esencialmente impotente y no podía hacer nada para persuadir a los indios de que se unieran a su ejército. Fue la primera victoria del movimiento de no cooperación, ya que el gobierno británico tuvo que capitular y asumir el golpe a su prestigio. El segundo golpe se produjo cuando el príncipe de Gales, Eduardo VIII, visitó la India. Aterrizó en Bombay y planeó una visita pública a la ciudad. Sin embargo, ese día todas las calles estaban vacías y todas las ventanas tenían las persianas bajadas.

A pesar de los éxitos que el movimiento de no cooperación logró con su uso de la no violencia, los indios de todo el país se vieron inspirados de alguna manera a recurrir a la agresión. Al principio, los actos violentos eran pequeños y no causaban muchos problemas con las autoridades locales, pero a Gandhi le preocupaba que el movimiento se alejara de sus opiniones pacifistas. El gobierno británico no tomó ninguna medida contra el movimiento al principio, pensando que pasaría rápidamente. Pero cuando los líderes del Khilafat empezaron a hablar abiertamente de violencia en sus reuniones, el gobierno decidió actuar. Empezaron a arrestar a todos los líderes tanto del movimiento Khilafat como del Congreso. Pronto, los líderes del movimiento de no cooperación también fueron arrestados, y solo Gandhi seguía libre. El gobierno proclamó que cualquier reunión grande de gente era ilegal, y comenzaron a hacer redadas en las oficinas y casas de los funcionarios del movimiento. En total, 30.000 personas fueron detenidas en todo el país.

Gandhi no tuvo más remedio que llamar a la desobediencia civil en todo el país una vez más, ya que sus ruegos a Rufus Isaacs, el virrey de la India, para que liberara a los presos políticos fueron ignorados. Sin embargo, el 5 de febrero de 1922, la desobediencia civil se convirtió en otra masacre, esta vez en la pequeña ciudad de Chauri Chaura, en las Provincias Unidas. Allí, los manifestantes atacaron a los policías que intentaron impedir su piquete en una tienda de licores. Se desencadenó un conflicto entre los manifestantes y la policía, que llevó a que se incendiara una comisaría con 22 agentes aún dentro. Gandhi se indignó por este incidente y suspendió el movimiento. Incluso convenció al Congreso Nacional Indio para que ratificara su decisión. Sin ayuda de nadie, Gandhi puso fin al movimiento de no cooperación el 15 de febrero de 1922. Fue arrestado el 10 de marzo y condenado a seis años de prisión por los cargos de sedición.

Gandhi fue liberado de la cárcel debido al deterioro de su salud el 5 de febrero de 1924. El nuevo partido político nacionalista, el Partido Swaraj, ya se había construido a partir de los restos del Congreso Nacional Indio y del movimiento de no cooperación. Pero tenían un programa diferente al enfoque no violento de sus predecesores. Su plan no consistía en boicotear al gobierno británico, sino en entrar y derribarlo desde dentro. Gandhi no estaba de acuerdo con los nuevos métodos que los nacionalistas tenían en mente, pero tampoco se interpuso en su camino. Los años que transcurrieron entre 1922 y 1927 fueron años de movimientos de activismo separados, cada uno de los cuales trabajaba por su propia agenda. Sin embargo, no se consiguió ningún resultado, y el ambiente de apatía y frustración prevaleció en todas las organizaciones nacionalistas. Parecía como si todas necesitaran un descanso para reponerse.

Sin embargo, esto no significa que toda la India dejara de resistirse al dominio británico. Hubo muchos movimientos en ascenso que cuentan su propia historia, pero todos acabaron fracasando. Algunos obtuvieron pequeñas victorias, pero no acercaron a la India a su independencia. Los terroristas revolucionarios también estaban en auge con la guerra de guerrillas en la provincia de Bengala. Pero las acciones del gobierno diezmaron su número y, con la muerte de su líder en 1931, el movimiento revolucionario llegó a su fin. Los revolucionarios no tenían un plan político claro y, por ello, fueron incapaces de mover a las masas y ganarse su confianza. Sin embargo, su voluntad de sacrificio conmovió a la nación india y la inspiró a pasar a la acción una vez más. Los indios recordaron su nacionalismo y su sentimiento patriótico, y estaban dispuestos a tomar la lucha en sus propias manos.

La Marcha de la Sal

La Marcha de la Sal liderada por Gandhi
https://upload.wikimedia.org/wikipedia/commons/thumb/7/7c/
Marche_sel.jpg/1280px-Marche_sel.jpg

El Partido Swaraj se deshizo tras la muerte de su líder, Chittaranjan Das, en 1925. El Congreso Nacional Indio se reorganizó y se levantó en protesta cuando el gobierno británico decidió formar una comisión que examinaría la constitución india y haría cambios. El problema era que la comisión estaba compuesta únicamente por europeos. Como Sir John Simon estaba a su cabeza, se la recuerda como la Comisión Simon. Los indios estaban indignados porque ni siquiera se les había tenido en cuenta para esa tarea, y las protestas organizadas no hicieron más que crecer después de que el luchador por la libertad Lala Lajpat Rai muriera a causa de las fuertes palizas que le propinó la policía.

Como respuesta a la Comisión Simon, el Congreso Nacional Indio nombró a sus propios miembros para formar una comisión similar y proponer sus cambios al gobierno británico. La idea era dar a la India un autogobierno dentro del Imperio británico, pero los británicos decidieron ignorar tanto al Congreso como a su comisión. Como resultado, el Congreso no hizo más que crecer en su determinación y, una vez fracasadas las negociaciones con el gobierno, plantearon la declaración de la independencia de la India, conocida como Purna Swaraj (autogobierno completo).

El 31 de diciembre de 1929, el nuevo presidente del Congreso, Jawaharlal Nehru, izó la bandera de la India en Lahore. Proclamaron el 26 de enero como el Día de la Independencia de la India, y la bandera india se desplegó por todo el subcontinente. En febrero de 1930, el Congreso pidió a Gandhi que lanzara un movimiento de desobediencia civil, dándole todo el poder para decidir el momento, el lugar y el programa político del mismo. Gandhi eligió las leyes de la sal del gobierno británico como el primer tema que abordaría el movimiento.

La Ley de la Sal de 1882 instituyó un monopolio británico sobre la recolección, producción y distribución de la sal. Los impuestos que imponían eran demasiado altos para que la gente común de la India pudiera pagarlos, y según la Ley de la Sal, cualquier intento de adquirir sal por cualquier otro medio era un delito. Aunque los indios podrían haber producido su propia sal fácilmente evaporando el agua del mar, se les prohibió hacerlo.

El Congreso Nacional Indio pensó que las leyes de la sal no eran un buen punto de partida, ya que no veían cómo una protesta contra ellas podría afectar al gobierno. De hecho, incluso el virrey de la India, Lord Edward Irwin, pensaba que las protestas anunciadas no le darían demasiados problemas, y el gobierno británico se rio abiertamente de la idea de Gandhi. Sin embargo, Gandhi tenía una buena razón para elegir las leyes de la sal. La sal era un producto que todo el mundo necesitaba, pues sin ella la vida sería imposible. Por lo tanto, la protesta contra el monopolio británico de la sal era algo que concernía a todo el pueblo de la India, a todas las castas, a todas las religiones y a todos los individuos, sin importar su edad. Gandhi sabía que, si organizaba una protesta política con ideas como los derechos civiles, la gente común no respondería tan fácilmente, ya que la política era una idea abstracta para la mayoría de ellos.

La creencia de Gandhi en la no violencia y su filosofía de la satyagraha le llevaron a elegir una marcha como primer medio de desobediencia civil en su lucha contra las leyes de la sal. Notificó al virrey de la India los detalles de su marcha, y los primeros informes sobre las intenciones de Gandhi de desafiar las leyes de la sal se publicaron en la prensa el 5 de febrero de 1930. Gandhi invitó a los medios de comunicación de todo el mundo para anunciar la marcha, y a menudo pronunció vigorosos discursos insistiendo en la importancia de la no violencia y la desobediencia civil. El 2 de marzo, escribió de nuevo al virrey Lord Irwin, pidiéndole que atendiera sus demandas de, entre otras, la tasación de la renta de la tierra, el recorte del gasto militar y la abolición del impuesto sobre la sal. Incluso prometió que se retiraría de la marcha anunciada, pero el virrey le ignoró.

La marcha de Gandhi comenzó el 12 de marzo en Sabarmati Ashram, en los suburbios de Ahmedabad. Ochenta de sus seguidores del Sabarmati Ashram fueron designados como sus compañeros de marcha, y fueron elegidos porque eran representantes de varias castas y estaban entrenados en la satyagraha de Gandhi. La ruta de la marcha estaba bien planificada, y la procesión debía visitar 48 pueblos que habían sido elegidos específicamente por su potencial de reclutamiento. La Marcha de la Sal duró 24 días y terminó en Dandi, Gujarat. En su camino, Gandhi caminó 240 millas (390 kilómetros), deteniéndose en cada pueblo para pronunciar un discurso que inspirara a más personas a unirse a él. Pronto le siguieron miles de personas, todas ellas vestidas de blanco, razón por la que la marcha recibió el nombre de "Río de flujo blanco". Gandhi nunca dejó de conceder entrevistas para los medios de comunicación que le seguían, e incluso escribió sus propios artículos y reportajes. *El New York Times* escribía a diario sobre la progresión de Gandhi, mientras que muchas empresas de noticias extranjeras optaban por rodar imágenes de noticiarios.

La Marcha de la Sal terminó el 6 de abril cuando la procesión llegó a la orilla del mar. Allí, Gandhi levantó un trozo de barro salado del suelo y lo hirvió en agua de mar, produciendo sal ilegal. Con este acto, inició oficialmente el movimiento de desobediencia civil. Ordenó a sus seguidores que produjeran sal ilegal donde fuera posible, y este movimiento se considera a menudo como el inicio de la caída del dominio británico en la India. Chakravarti Rajagopalachari organizó su propia marcha de la sal en la costa este. Al final de su recorrido, fue detenido por las autoridades británicas.

Gandhi se anticipó a que la policía le detuviera también a él, pero no fue así. El gobierno británico estaba confundido por la desobediencia pacífica y no sabía cómo reaccionar. Preferían un enemigo que se defendiera y no tenían idea de cómo combatir la no violencia. Un mes después, Mahatma Gandhi fue detenido y acusado de instigar las protestas. Pero la reacción del gobierno llegó demasiado tarde, pues el movimiento de desobediencia civil ya se había extendido por todo el país. Los campesinos se negaban a pagar impuestos, se producía y vendía sal ilegal por todas partes y se inició una nueva oleada de boicots a los productos extranjeros.

Por desgracia, en algunas provincias estalló la violencia. Sin embargo, a diferencia de lo ocurrido durante el movimiento de no cooperación, Gandhi no se retiró. Condenó la violencia y abogó por su fin, pero se comprometió con el movimiento. La violencia culminó en Peshawar, donde los soldados británicos dispararon contra una multitud que protestaba pacíficamente por la detención de su líder, Abdul Ghaffar Khan. Unos 200 manifestantes indios desarmados perdieron la vida.

Gandhi tuvo éxito en su intento de convertir las leyes de la sal en una causa que sacudiera a toda la nación. Después de su detención, la gente se volvió más innovadora al idear diferentes formas de desobediencia civil. Los boicots a todo lo extranjero comenzaron de nuevo, y esta vez, las mujeres fueron las líderes. Nunca antes la India había visto la fuerza bruta de sus mujeres. Incluso las que se cubrían el rostro con velos en la práctica del purdah (la reclusión de las mujeres en las culturas musulmana e hindú) se mantuvieron firmes frente a las distintas tiendas que vendían productos británicos, logrando hacer cambiar de opinión tanto a los compradores como a los comerciantes. Gandhi admiraba a las mujeres, y su filosofía promovía más libertad para las féminas; sin embargo, hay que señalar que era un conservador en una forma más suave. Creía que la mujer solo debía recibir una educación que la ayudara a desempeñar el papel tradicional de madre y esposa.

Mientras los indios protestaban de forma no violenta y efectiva por todo el subcontinente, el gobierno británico buscaba la forma de alcanzar algún tipo de compromiso con el pueblo. Gandhi fue invitado a una Conferencia de la Mesa Redonda en Londres en 1930, donde debían tener lugar las conversaciones sobre la constitución india. Pero una vez allí, se le dijo que no esperara hablar de la independencia de la India. Aunque al final la conferencia no tuvo éxito para los indios, fue el primer acontecimiento de la historia en el que británicos e indios se sentaron en una mesa como iguales. Cuando Gandhi regresó a su país, los británicos liberaron a todos los presos políticos del movimiento de desobediencia civil. El 5 de marzo de 1931, Gandhi y el virrey Lord Irwin firmaron una tregua conocida como el Pacto Gandhi-Irwin. Se levantó el monopolio británico sobre la producción y el comercio de la sal, lo que significó que los indios podían volver a fabricar, vender y comprar legalmente su propia sal.

La Marcha de la Sal sigue siendo uno de los momentos más importantes de la historia de la humanidad. Se calcula que unos 90.000 indios fueron detenidos durante las protestas que siguieron. La Marcha de la Sal también inspiró la lucha contra los regímenes opresivos en todo el mundo. En Estados Unidos, Martin Luther King Jr., admiró la idea de Gandhi de unir al pueblo en torno a una causa común. En Sudáfrica, Nelson Mandela utilizó algunos de los métodos de la satyagraha al derrocar el sistema del apartheid. Personas de todas las naciones del mundo siguen utilizando las protestas pacíficas y no violentas para expresar su desacuerdo con los actos de sus gobiernos.

Capítulo 8: La Segunda Guerra Mundial, el movimiento "Quit India" y la independencia

Soldados indios en Birmania
https://en.wikipedia.org/wiki/India_in_World_War_II#/media/
File:INDIAN_TROOPS_IN_BURMA,_1944.jpg

En general, se considera que la Segunda Guerra Mundial comenzó cuando las fuerzas alemanas invadieron Polonia el 1 de septiembre de 1939. Los primeros en responder fueron Francia y el Reino Unido. Aunque las primeras batallas se libraron en suelo europeo, la India, bajo el dominio del Raj británico, se unió a la guerra a los pocos días de su inicio. El virrey indio de la época, Lord Linlithgow, ni siquiera se molestó en consultar a los principales políticos indios ni en escuchar a la opinión pública. En su lugar, declaró que la India lucharía del lado de Gran Bretaña, socavando los esfuerzos anteriores de la India por conseguir su independencia. La lejana guerra se llevó a más de 2,5 millones de soldados de la India, que defendieron los territorios de otras colonias británicas, como Singapur y Hong Kong. Los soldados indios también lucharon en los territorios de Europa y África: fueron prácticamente a cualquier lugar donde los Aliados los necesitaran. Durante la guerra, el gobierno británico endeudó a la India con un par de miles de millones de libras, necesarias para financiar la guerra. Las medidas que los británicos aplicaron en la India fueron tan opresivas que provocaron directamente la hambruna de Bengala de 1943, para la que se negaron a aplicar un programa de ayuda. En Birmania y en la malaya británica, los soldados europeos y los habitantes de estas colonias fueron evacuados de forma segura, dejando a los lugareños y a los soldados indios a su suerte.

El mayor partido político de la India en aquella época era el Congreso Nacional Indio, cuyo liderazgo recayó en Mahatma Gandhi, Maulana Abul Kalam Azad y Vallabhbhai Patel (más conocido como Sardar Patel). Acordaron rechazar la ayuda al gobierno británico durante la Segunda Guerra Mundial, aunque condenaron personalmente las acciones de la Alemania nazi y de Adolf Hitler. Prometieron su ayuda solo bajo la condición de que la India obtuviera su independencia. Los británicos no esperaban que el Congreso Nacional Indio reaccionara así, y se sintieron desconcertados por su decisión. Sin embargo, la India no estaba unida en su decisión de rechazar la ayuda a los británicos. La Liga Musulmana de toda la India y algunos de los partidos políticos más pequeños dieron su apoyo al gobierno británico. Pero el Congreso exigió que Gran Bretaña les transfiriera todo su poder gubernamental. Al no poder cumplirlo, ambos se encontraron en un punto muerto. Los gobiernos provinciales fracasaron debido a la dimisión masiva de los miembros del Congreso, y la probabilidad de una revuelta a nivel nacional se hizo muy real.

El gobierno británico continuó con sus esfuerzos para persuadir al Congreso Nacional Indio de encontrar un terreno común. Pero todas las negociaciones fracasaron y el tiempo se agotaba, ya que Japón declaró la guerra a los holandeses y a Gran Bretaña en diciembre de 1941. La derrota británica en Singapur, de la que Japón se apoderó en febrero de 1942, fue un gran golpe para la confianza del gobierno británico. Algunos políticos indios vieron la entrada de Japón en la guerra como una oportunidad. Subhas Chandra Bose, por ejemplo, pensó que podía dar su apoyo a Japón y Alemania y utilizar su ayuda para deshacerse del dominio británico. Fundó con Japón el Ejército Nacional Indio, que luchó contra los Aliados. Temiendo las consecuencias de las acciones de Bose y tras la pérdida de Singapur, el gobierno británico se vio obligado a reaccionar.

El primer ministro británico, Winston Churchill, envió a Sir Stafford Cripps a negociar el apoyo pan-indio a la guerra en abril de 1942. Para ello, Cripps necesitaba que los líderes del Congreso y la Liga Musulmana de toda la India se pusieran de acuerdo. Cripps pertenecía a un partido político que apoyaba el autogobierno indio, y llevó esta promesa a la mesa de negociaciones. Sin embargo, la Liga Musulmana de toda la India quería un estado musulmán separado después de la guerra. Era imposible satisfacer tanto al Congreso Nacional Indio como a la Liga Musulmana de toda la India. Además, Churchill no estaba satisfecho con la propuesta de Cripps de que la India obtuviera el estatus de dominio (estado semiindependiente). Las negociaciones se desmoronaron rápidamente y Sir Stafford Cripps no tuvo más remedio que proclamar su misión como un fracaso.

Tras las infructuosas negociaciones con el diplomático británico, el Congreso Nacional Indio tuvo claro que Gran Bretaña no tenía intención de dejar marchar a la India. La colaboración involuntaria de la India en la Segunda Guerra Mundial iba a continuar, lo que iba en contra de todo lo que representaba la satyagraha de Gandhi. Aunque no quería hacer nada que obstruyera los esfuerzos británicos contra la Alemania nazi, Gandhi finalmente se dio cuenta de que era imposible permanecer en silencio y dejar que los Aliados y las Potencias del Eje dividieran la India para su propio uso. Pasó la primavera redactando una resolución para el Congreso que pedía la salida de Gran Bretaña de la India y la adopción de métodos no violentos en sus esfuerzos contra Japón. En agosto de 1942, el Congreso Nacional Indio adoptó esta resolución, y el movimiento pasó a conocerse como "Quit India", por el eslogan que le siguió, "Bharat Chhodo".

Mahatma Gandhi pronunció un discurso muy poderoso en la víspera de la creación del movimiento "Quit India". Llamó a la resistencia pasiva e hizo una comparación con las revoluciones francesa y rusa, diciendo que fracasaron en su logro de los ideales democráticos porque se luchó con las armas. La India debía conseguir su libertad mediante la no violencia. Sin embargo, el lema que dio al pueblo fue "hazlo o muere", lo que interpretó como la voluntad de persistir en sus esfuerzos hasta que la India fuera finalmente independiente. En sus palabras, los indios preferían morir antes que soportar la esclavitud eterna del Raj británico.

Instruyendo a su pueblo en la desobediencia no violenta, Gandhi les pidió que esperaran al lanzamiento oficial del movimiento, ya que quería dar una oportunidad más al virrey de la India para que aceptara sus condiciones. Pero el gobierno no estaba dispuesto a negociar de nuevo. En su lugar, el 9 de agosto lanzó una serie de arrestos dirigidos a los líderes y miembros del Congreso Nacional Indio, así como a cualquiera que se opusiera a su gobierno. Unas 90.000 personas fueron arrestadas de una sola vez, ya que los británicos preveían algún tipo de revolución. Sin embargo, estas acciones del gobierno fueron contraproducentes, ya que no previeron las reacciones agresivas de los indios ante estas detenciones. El pueblo sin líderes logró reunirse y oponerse a las autoridades locales en respuesta a las detenciones. Bombay, Ahmedabad y Pune fueron los primeros en sublevarse, y solo unos días después se sumaron Delhi, Allahabad, Kanpur y Patna, entre otros. El pueblo desafió abiertamente las leyes británicas y organizó hartals, protestas masivas, en ciudades y pueblos de toda la India.

Para frenar la propagación de los disturbios, el gobierno británico prohibió a toda la prensa informar sobre el movimiento "Quit India". Sin embargo, solo el *National Herald* y el *Harijan* dejaron de escribir sobre la lucha durante su duración. El propio Gandhi fue detenido, pero se aseguró de dejar instrucciones escritas sobre cómo desobedecer pacíficamente el dominio británico. Propuso que los estudiantes abandonaran sus estudios, que los trabajadores hicieran huelga y que los aldeanos dejaran de pagar impuestos. También invitó a los habitantes de los estados principescos a unirse al resto de la India y a los príncipes a abandonar su apoyo al gobierno británico. Sin embargo, fue la gente común la que demostró ser más imaginativa a la hora de desobedecer las leyes. Los símbolos del dominio gubernamental, como las estaciones de ferrocarril, las comisarías y los tribunales, eran objeto de constantes ataques. Los indios izaban la bandera nacional de la India en estos edificios para demostrar su ira. Los aldeanos también se reunían en grupos de cientos y desmantelaban las vías férreas cercanas. Se volaron puentes y se cortaron las líneas telefónicas y telegráficas. Todos ellos eran símbolos de la dominación británica, y el pueblo sentía la necesidad de deshacerse de ellos.

Los estudiantes dejaron sus estudios, tal y como proponía Gandhi, y se dedicaron a colaborar como voluntarios en el movimiento difundiendo la noticia por toda la India. Imprimían periódicos ilegales que luego distribuían en las aldeas cercanas, llamando a los campesinos a unirse al levantamiento. Los estudiantes también actuaban como mensajeros de la red clandestina de rebeldes que organizaban huelgas de trabajadores en todo el subcontinente. Fueron los estudiantes quienes convocaron la quema de estaciones de policía y de ferrocarril y quienes secuestraron los trenes locales para pintarlos con los colores nacionales de la India. El movimiento fue más fuerte en Bihar, donde durante dos semanas no existió ninguna autoridad gubernamental, ya que los funcionarios habían huido de la población enfurecida. Desgraciadamente, el pueblo de la India se entregó a la violencia, y algunos civiles europeos fueron atacados. Como explicó Gandhi más tarde, los indios no podían diferenciar entre el Imperio británico y el pueblo británico. Para ellos, eran lo mismo. Luchar contra uno significaba luchar contra el otro, y varios británicos que vivían en la India murieron.

El gobierno británico no se quedó de brazos cruzados y la represión de los levantamientos se instaló casi inmediatamente. La policía disparó libremente contra las multitudes desarmadas de manifestantes, y el gobierno también aprobó el ametrallamiento de civiles por parte de aviones que volaban a baja altura. Los rehenes capturados por los británicos fueron sacados de sus pueblos, y se impusieron multas colectivas a los asentamientos desobedientes. En algunos casos, el gobierno quemó pueblos enteros si sospechaba que escondían a combatientes de la resistencia. Aunque no se proclamó la ley marcial, el ejército era libre de hacer lo que quisiera. Los soldados golpeaban a los ciudadanos, a menudo torturándolos y matándolos cuando tenían la oportunidad. Las concentraciones masivas y la violencia contra los símbolos del gobierno cesaron tras seis semanas de brutal represión. Sin embargo, el movimiento siguió actuando en la clandestinidad.

El gobierno británico pidió a Gandhi que condenara la violencia del pueblo, pero él se negó a hacerlo, diciendo que la culpa era del gobierno británico, no del pueblo. Además, el 10 de febrero de 1943, inició un ayuno mientras estaba en la cárcel como respuesta a los esfuerzos del gobierno por menospreciarlo. La noticia del ayuno de

Gandhi se extendió rápidamente por todo el país y, una vez más, el subcontinente se volcó en protestas, huelgas y manifestaciones. Los presos de varias cárceles de la India simpatizaron con el líder del movimiento "Quit India" y realizaron sus propias huelgas de hambre.

El pueblo de la India se reunió en masa para exigir la liberación de Gandhi de la prisión. Algunos incluso viajaron para protestar abiertamente frente al Palacio del Aga Khan, donde Gandhi estaba detenido. Pronto se corrió la voz en todo el mundo, y personas de varios países bombardearon al gobierno británico de la India con cartas y telegramas exigiendo su liberación. La prensa se unió al llamamiento, y periódicos como el *Chicago Sun*, el *News Chronicle* y el *Manchester Guardian* desafiaron abiertamente al Raj británico. Varias organizaciones locales y mundiales siguieron su ejemplo, como el Partido Comunista Británico, la Liga Internacional de Mujeres, el Consejo Australiano de Sindicatos e incluso el gobierno de Estados Unidos. Sin embargo, el gobierno británico, bajo el liderazgo del Primer Ministro Churchill, se mantuvo impasible. La sensación de que el movimiento "Quit India" había fracasado se extendió por toda la nación. Como resultado, la moral fue decayendo poco a poco, ya que parecía que el pueblo se había rendido.

Gandhi permanecería en prisión hasta el 6 de mayo de 1944, cuando fue finalmente liberado debido a su debilitada salud. Con su liberación, la lucha por la independencia de la India continuó con renovado vigor. Gandhi se centró sobre todo en unir al pueblo indio bajo una misma causa. Aunque siempre habría partidarios del Raj británico entre los lugareños, su número se reducía cada mes que pasaba. En 1945, el apoyo nacional a la independencia de la India superaba la zona gobernada por el Raj británico. La lenta repatriación de los soldados extranjeros que habían servido en la India durante la Segunda Guerra Mundial provocó varios motines en el ejército. Aunque estos motines fueron rápidamente reprimidos, quedó claro para todas las partes dónde estaba el apoyo de toda la nación. Ese mismo año, Clement Attlee, que había defendido la independencia de la India desde el principio de su carrera política, se convirtió en el nuevo primer ministro británico. Organizó la Misión del Gabinete, cuyo único objetivo era transferir pacíficamente los poderes gubernamentales a la India.

Sin embargo, seguía existiendo el problema de Pakistán. Los musulmanes querían su propio estado, mientras que el Congreso Nacional Indio abogaba por un estado indio unido. Los británicos creyeron que unas elecciones resolverían esta cuestión, y se celebraron en diciembre de 1945. El Congreso Nacional Indio obtuvo 59 escaños en el gobierno, mientras que la Liga Musulmana de toda la India obtuvo 30. Los europeos obtuvieron ocho, y el resto se repartió entre los partidos más pequeños. Sin embargo, los musulmanes siguieron exigiendo la separación. Para apaciguarlos, la Misión del Gabinete ideó un plan en el que la India permanecería unida, pero con agrupaciones estatales internas, lo que permitiría a los musulmanes tener autonomía dentro de las provincias donde gobernaban. La Liga Musulmana de toda la India aceptó estos términos, pero el Congreso Nacional Indio los rechazó, temiendo que debilitara su control sobre todo el subcontinente. Enfadados, los musulmanes comenzaron a protestar e incluso atacaron a los hindúes en Calcuta. Los hindúes respondieron a la violencia con más violencia, y se produjo lo que se conoce como la "Gran Matanza de Calcuta de 1946", en la que perdieron la vida unas 4.000 personas.

Cuando el primer ministro británico nombró a Lord Louis Mountbatten como último virrey de la India con la tarea de supervisar la transición del poder a una India independiente en 1948, los líderes del Congreso Nacional Indio buscaron formas de acelerar el proceso. Aceptaron la partición que querían los musulmanes y también buscaron formas de detener la violencia que se había extendido desde Calcuta a otras regiones de la India. El temor a una guerra civil hindú-musulmana llevó a otros líderes del Congreso a aceptar también la partición.

Sin embargo, Gandhi se opuso a la partición, ya que consideraba que iba en contra de todas sus creencias de una India unida que aceptara las diferentes religiones. A pesar de ello, otros líderes coincidieron en que Pakistán ya existía dentro de la India y que ignorarlo solo conduciría a más violencia. En 1947 se formó el Consejo de Partición y comenzó la división de los bienes públicos. Las zonas y territorios predominantemente poblados por hindúes y sijs debían pertenecer a la nueva India, mientras que las zonas predominantemente musulmanas se convertirían en Pakistán. Las provincias de Punjab y Bengala debían dividirse entre los dos estados, ya que tenían poblaciones mixtas de musulmanes e hindúes. Sin embargo, esto no fue pacífico. La violencia estalló en las zonas que iban a ser las nuevas fronteras, un tipo de violencia que ninguno de los políticos previó. Agotada por la Segunda Guerra Mundial e incapaz de hacer frente a la guerra civil que se estaba produciendo en la India, Gran Bretaña decidió acelerar la independencia de la nación. El 14 de agosto de 1947 es la fecha oficial del nacimiento del Dominio de Pakistán, cuyo estatus de dominio finalizó en 1956. El 15 de agosto de 1947, la India obtuvo su independencia. El Raj británico dejó de existir.

Conclusión

La salida de Gran Bretaña dejó a la India en estado de guerra civil. La violencia que surgió en las fronteras de los dos nuevos estados dio lugar a muchos refugiados hindúes y musulmanes que necesitaban un nuevo hogar. Gandhi siguió trabajando por el bien de su pueblo y acabó aceptando la partición. Desgraciadamente, las matanzas se produjeron a ambos lados de la nueva frontera, y se calcula que el número de muertos oscila entre 200.000 y 2 millones. El reasentamiento de los refugiados duró hasta 1951, y la ciudad de Delhi acogió a la mayoría de ellos. Con ese traslado, su población se disparó, y sigue siendo una de las ciudades más pobladas del mundo. Los hindúes siguen emigrando a la India hasta el día de hoy debido a las persecuciones religiosas a las que están expuestos en Pakistán. La partición del subcontinente indio sigue siendo uno de los acontecimientos más controvertidos del siglo XX.

Mahatma Gandhi fue asesinado el 30 de enero de 1948, y su asesino, Nathuram Godse, afirma que lo hizo porque culpaba a Gandhi de toda la violencia que se produjo debido a la partición. Pertenecía al partido extremista hindú Mahasabha, que creía que Gandhi era demasiado complaciente con los musulmanes.

Una vez que la India se convirtió en un Estado independiente, se decidió mantener intactas las ideologías políticas británicas, como la democracia, el Estado de Derecho y, hasta cierto punto, la igualdad de las personas. Algunas de las instituciones fundadas por el Raj británico y las ideas que las sustentan siguen activas hasta hoy. Las universidades y colegios, la bolsa y los servicios civiles siguen funcionando, en su mayor parte, como antes.

Pero ¿Qué pasa con todos los británicos que han construido su vida en la India? ¿Dónde están ahora? La mayoría se fue, pero algunos decidieron quedarse. Muchos tenían esposas e hijos indios y, como tales, no podían marcharse sin más. Algunos siguieron trabajando para el gobierno indio, mientras que otros optaron por retirarse y pasar sus días con sus familias. Tuvieron que adaptarse a la nueva situación lo mejor que pudieron. Sin embargo, la mayoría tuvo que marcharse de todos modos. No porque fueran expulsados del país, sino porque sus deberes los llamaban a volver a casa. La transición cultural que tuvieron que sufrir estos individuos dejó una profunda cicatriz en sus personalidades. La vida en la India era muy diferente a la de Gran Bretaña. Muchos de ellos también dejaron atrás a sus amantes, esposas e hijos indios para volver con esposas y descendencia legítima británica. Algunos volvieron con adicciones al opio, mientras que otros no pudieron hacer frente a la depresión que siguió, una depresión causada por el abandono de las únicas vidas que conocían.

Mientras el Raj británico dejaba su huella en el subcontinente indio, las personas que regresaban a Gran Bretaña quedaban permanentemente marcadas por las vidas que habían llevado en la India.

Vea más libros escritos por Captivating History

Referencias

Bengal Famine Code. National Institute of Public Administration, Dacca University Campus, 1967.

Beveridge, Henry. *A Comprehensive History of India, Civil, Military and Social, from the First Landing of the English, to the Suppression of the Sepoy Revolt; Including an Outline of the Early History of Hindoostan*. Blackie and Son, 1880.

Foster, William, and Patrick J. N. Tuck. *The East India Company: 1600-1858*. Routledge, 1998.

Gandhi, and Gopal Gandhi. *The Oxford India Gandhi: Essential Writings*. Oxford University Press, 2008.

Golant, William. *The British Raj*. 1988.

Sharma, Sanjay. *Famine, Philanthropy and the Colonial State: North India in the Early Nineteenth Century*. Oxford University Press, 2001.

Shastitko Petr Mikhaĭlovich., and Savitri Shahani. *Nana Sahib: An Account of the People's Revolt in India, 1857-1859*. Shubhada Saraswat Publications, 1980.

www.ingramcontent.com/pod-product-compliance
Lightning Source LLC
LaVergne TN
LVHW041642060526
838200LV00040B/1671